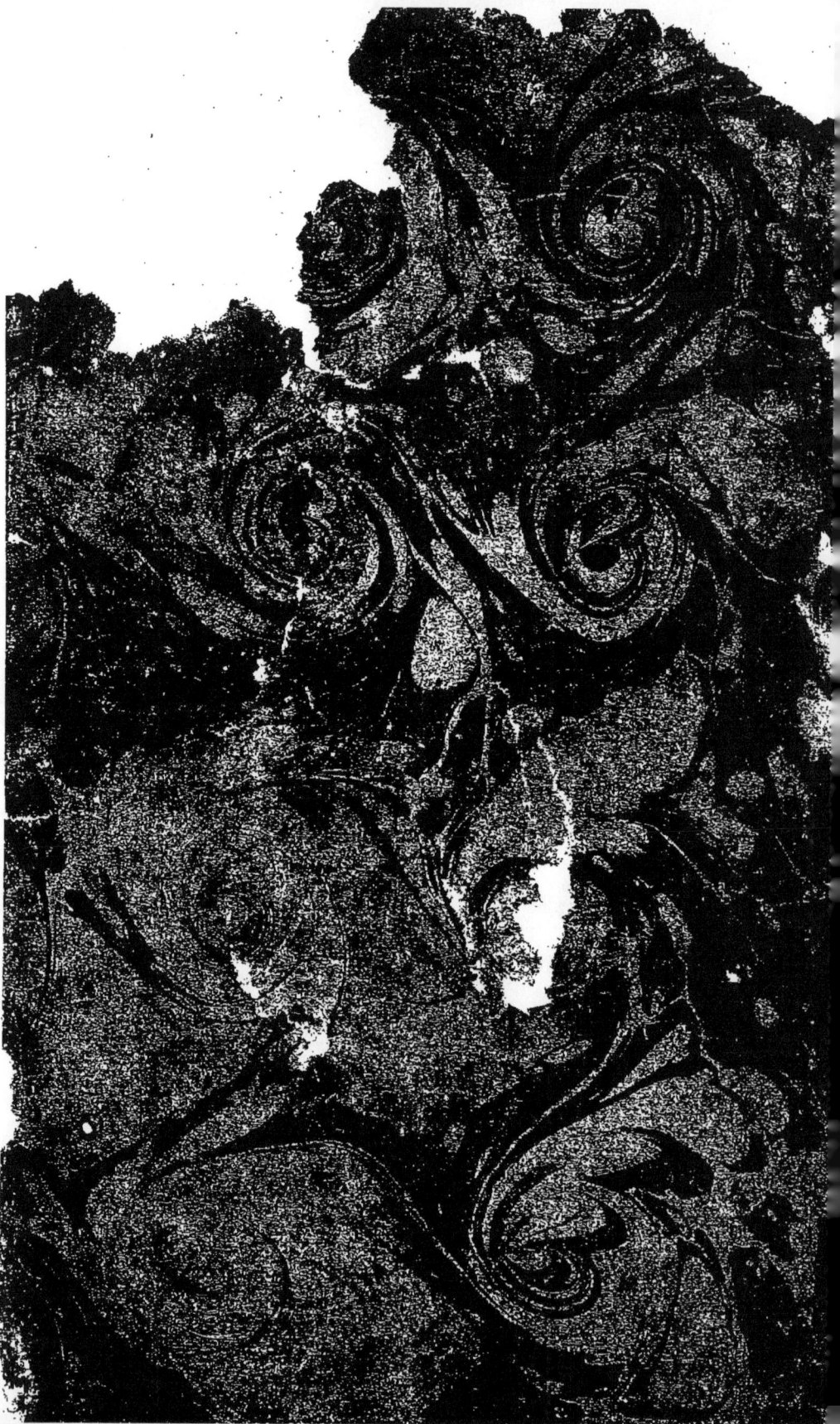

LA
FOLLE JOURNÉE,

OU

LE MARIAGE

DE FIGARO,

COMEDIE

EN CINQ ACTES.

AU FORT DE KELL.

M DCC LXXXV.

ACTEURS.

Le Comte ALMA-VIVA.	M. Mollé.
La COMTESSE.	Mlle. Sainval.
SUZANNE, Femme de chambre de la Comtesse.	Mlle. Comtat.
FIGARO, Valet du Comte.	M. D'azincour.
BASILE.	M. Vanhove.
Le Docteur BARTHOLO.	M. Deseffart.
MARCELLINE.	Mde. Belcourt.
CHÊRUBIN, Page du Comte.	M. Olivier.
BRIDE-OISON, Juge du Lieu.	M. Préville.
DOUBLE-MAIN, Greffier du Siège.	M. Marey.
ANTOINE, Jardinier du Comte, Oncle de Suzanne.	M. Bélemont.
FANCHETTE, Fille d'Antoine, & Cousine de Suzanne.	Mlle. Laurent.
PEDRILLE, Courrier.	M. Florence.
GRIPPE-SOLEIL, Berger, chargé du feu d'artifice.	Mlle. L'arrivée.
Un HUISSIER, Audiencier.	M. Larochelle.

Trois Personnages muets, GARDES, Troupe de Paysans & Paysanes des environs du Château d'Agoas-Fresca, a trois lieues de Séville.

LA
FOLLE JOURNÉE;
OU LE MARIAGE
DE FIGARO.

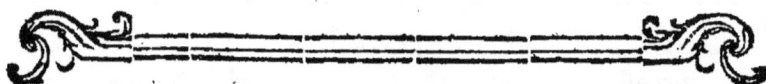

ACTE PREMIER.

La Scene repréſente un Sallon, dans lequel on voit à droite une porte de communication dans la chambre de la Comteſſe, & une dans celle du Comte.

SCENE PREMIERE.

FIGARO, SUZANNE.

FIGARO.
Meſurant le Sallon avec une toiſe.

Dix-neuf pieds ſur vingt-ſix.

SUZANNE.

Tiens Figaro, mon petit Chapeau, le trouves-tu mieux ainſi ?

FIGARO.

Sans comparaiſon, ma Charmante, ah ! que ce

joli bouquet élevé fur la tête d'une jolie femme, eft doux le matin des nôces à l'œil amoureux d'un époux !

SUZANNE.

Que mefurois-tu donc là, Figaro ?

FIGARO.

Je voyois fi le charmant lit que M. doit nous donner aura bonne grace dans cette chambre.

SUZANNE.

Dans cette chambre ?..... Je ne veux pas.

FIGARO.

Pourquoi cela ?

SUZANNE.

Je ne veux pas.

FIGARO.

Mais encore ?..... On dit des raifons.

SUZANNE.

Si je ne veux pas en dire.

FIGARO.

Oh ! quand elle font fûres de nous.....

SUZANNE.

Prouver que j'ai raifon, c'eft accorder que je puis avoir tort : tiens, Figaro, es-tu mon ferviteur ?

FIGARO.

Affurément. Mais pourquoi cette fantaifie contre la chambre du Château la plus commode, & qui tient le milieu entre ces deux appartements ? la nuit, Madame, fe trouve t'elle incommodée, elle n'a qu'à fonner, zefte, en deux pas te voilà chez elle : M. a-t'il befoin de moi, crac, en trois fauts je fuis dans fa chambre.

SUZANNE.

Oui, mais lorfque M. le Comte aura bien tinté le matin pour te donner quelques bonnes & longues commiffions, zefte, en deux pas il eft à ma porte, & crac, en trois fauts...

FIGARO.

Qu'entendez-vous par ces paroles ?

SUZANNE.
Ah! c'est qu'il faudroit m'écouter tranquillement.

FIGARO.
Eh ! qu'y-a-til bon Dieu ?

SUZANNE.
Il y a que M. le Comte Alma-Viva, las de courir les belles du canton, veut rentrer le soir au Château, mais ce n'est pas chez sa femme, c'est chez la tienne, entends-tu? qu'il a jetté les vues auxquelles il aspire; que ce logement ne nuira pas, & c'est Basile, l'honnête agent de ses plaisirs & mon Maître à chanter qui me le répéte chaque jour, en me donnant leçon.

FIGARO.
Basile? ah mon mignon, si jamais volée de bois vert appliquée sur l'échine d'un pédant à dûment redressée la moëlle épinaire de quelqu'un...

SUZANNE.
Pauvre garçon ! & cette dot qu'on me donne, crois-tu donc, que c'étoit pour les beaux yeux de ton mérite ?

FIGARO.
J'avois assez fait pour le croire.

SUZANNE.
Bondieu que les gens d'esprit sont bêtes !

FIGARO.
On le dit.

SUZANNE.
Mais c'est qu'on ne veut pas le croire.

FIGARO.
On a tort.

SUZANNE.
Il t'a destiné à obtenir de moi certain moment, certain quart-d'heure, seul à seul, qu'un ancien droit du Seigneur.... Tu sais s'il étoit triste.

FIGARO.
Je le sais si bien, que sans l'abolition de ce

droit honteux, je ne t'eusse jamais époufée fur les Domaines.

SUZANNE.

Eh ! bien, il fe repent de l'avoir aboli, & c'eft fur ta fiancée qu'il prétend le râchetter aujourd'hui.

FIGARO.

Ma tête s'amollit de furprife, & mon front fertilifé....

SUZANNE.

Ne le frotte donc pas.

FIGARO.

Quel danger ?

SUZANNE.

S'il y venoit quelques petits boutons..... des gens fuperftitieux.....

FIGARO.

Tu ris friponne, ah ! s'il y avoit moyen d'attraper ce grand trompeur en le faifant tomber dans un piége, & d'empôcher fon or.....

SUZANNE.

De l'intrigue, de l'argent, Figaro, te voilà dans ta fphere.

FIGARO.

Ce n'eft pas la honte qui me retient.

SUZANNE.

Quoi ? la crainte !

FIGARO.

Ce n'eft pas cela... entrer la nuit chez quelqu'un, lui fouffler fa femme, & recevoir cent coups de bâton, ce n'eft pas difficile, mille fots coquins l'ont fait ; mais conduire l'intrigue à bien & fauver fes oreilles....

La Comteffe fonne.

SUZANNE.

Madame la Comteffe fonne, elle m'a bien recommandé d'être la premiere à lui parler le matin de mes nôces.

FIGARO.

Il y a encore quelque chofe la-deffous.... tu ne me donnes rien mignone, avant de t'en aller; un petit baifer.

SUZANNE.

Le Berger dit que ça porte malheur. Un baifer à mon amant d'aujourd'hui ? ah ! je lui en fouhaite. Et que diroit demain mon mari? (*Figaro l'embraffant malgré elle*) Ah ! fripon, quand cefferas-tu de m'importuner, & de me parler de ton amour, du matin jufqu'au foir.

FIGARO.

Quand je pourrai te le prouver du foir jufqu'au matin.

SUZANNE, *baifant fes doigts réunis, & les déployant enfuite fur Figaro.*

Allez M. je n'ai plus rien à vous.

FIGARO.

Ah ! Mais ce n'étoit pas ainfi que je te l'avois donné.

Suzanne fort.

SCENE II.

FIGARO, *feul.*

CHarmante fille ! Toujours gaie, pleine de gaîté d'amour, de délices ; mais fage, fage... ah ! Mgr. mon cher Mgr., vous voulez m'en donner à garder.... Je m'étonnois auffi que, m'ayant donné la place de concierge, vous m'aviez nommé courier de dépêches; j'entends, Mgr. le Comte, trois promotions à la fois, vous compagnon Miniftre, moi, caffe-cou politique, Suzanne, Dame du lieu, ambaffadrice de poche, & puis fouette courrier; pendant que je courrerai d'un côté, vous ferez faire de l'autre, un joli chemin à ma belle ! Moi, me crottant, m'échinant pour la gloire de votre famille, vous daignerez concourir à l'agrandisse- ment de la mienne, quelle douce réciprocité ? Mais Mgr. il y a de l'abus : faire à la fois deux perfonnages, celui de votre Maître & celui de votre Valet, repréfenter en même tems, dans une Cour étrangere le Roi, & moi, c'eft trop, c'eft trop de moitié ; & toi Bafile, fripon mon cadet, je veux t'apprendre à clôcher devant les boiteux. Je veux... Mais non, diffimulons avec eux, & tâchons de les enferrer l'un par l'autre... Atten- tion fur la journée M. Figaro ; donner le change aux petites paffions de M. le Comte, empôcher l'or, les préfents, écarter une Marcelline mé- chante en diable, étriller rondement M. Bafile....

SCENE III.

FIGARO, Le Docteur BARTHOLO, MARCELLINE.

FIGARO
(fe retournant & voyant le Docteur.)

EH ! voilà le cher Docteur.

LE DOCTEUR.
Eh bien ! après.

FIGARO.
Sont-ce nous, ou Suzon qui vous améne au Châ- teau, Docteur ?

LE DOCTEUR.
Non, mon cher Monfieur.

FIGARO.
Ce feroit trop généreux.

LE DOCTEUR.
Et par trop fot.

Comédie. 2

FIGARO.

Eh bon jour donc, cher Docteur de mon cœur.

LE DOCTEUR.

Bavard infernal, laisse-nous.

FIGARO.

Vous vous fâchez, Docteur, seroit-il arrivé quelque chose à votre Mule? Les gens de votre état sont si durs! ils n'ont pas plus de pitié des pauvres bêtes, que si c'étoit en vérité des hommes... eh bien, Marcelline, avez-vous toujours envie de plaider contre moi? Pour ne s'aimer pas, faut-il qu'on se haïsse?

LE DOCTEUR.

Qu'est-ce que c'est?

FIGARO.

Elle vous contera cela. (*En s'en allant il donne une tappe sur le ventre du Docteur.*) Adieu Docteur.

SCENE IV.

LE DOCTEUR, MARCELLINE.

LE DOCTEUR.

Le drôle est toujours le même.

MARCELLINE.

Vous voilà enfin, éternel Docteur, toujours si grave & si composé qu'on auroit le tems de mourir vingt fois en attendant votre heure.

LE DOCTEUR.

Toujours amère & provoquante.. eh bien qui m'amene ici? Seroit-il arrivé au Comte quelque accident? Et la Rosine sa perfide Comtesse seroit-elle malade, Dieu merci?

MARCELLINE.

Le Comte la néglige

LE DOCTEUR.

Oh! le digne Epoux qui me venge.

MARCELLINE.

Au-moins c'eſt ce que m'a dit Baſile.

LE DOCTEUR.

Cet autre frippon loge ici! c'eſt une taverne ; & que fait-il ?

MARCELLINE.

Tout le mal dont il eſt capable. Eh bien, Docteur, vous ſouvenez-vous du petit Emmanuel, tendre fruit de votre amour ? Vous ſouvenez-vous des promeſſes ? Vous rappelez-vous vos ſermens ?

LE DOCTEUR.

Eſt-ce pour écouter toutes ces ſornettes-là, que vous m'avez tout exprès fait venir de Séville ?

MARCELLINE.

Eh bien ! n'en parlons plus ; mais puiſque l'honneur ne vous porte pas à la juſtice de m'épouſer, aidez-moi donc à en épouſer un autre.

LE DOCTEUR.

Ah ! volontiers, parlons, mais quel eſt le Mortel abandonné du Ciel & des femmes ?

MARCELLINE.

Eh qui pourroit-ce être, Docteur, ſinon le gai, le beau, l'aimable Figaro.

LE DOCTEUR.

Ce fripon-là ?

MARCELLINE.

Toujours gai, jamais fâché, généreux, généreux.

LE DOCTEUR.

Comme un voleur.

MARCELLINE.

Comme un Seigneur.

LE DOCTEUR.

Et la Suzanne ?

MARCELLINE.

Elle ne l'aura pas, la ruſée, ſi vous voulez m'aider à faire valoir la promeſſe de mariage qu'il m'a faite.

LE DOCTEUR,
Mais le mariage eſt trop avancé.

MARCELLINE.
On en rompt par-fois de plus avancés.

LE DOCTEUR.
Mais le moyen?

MARCELLINE.
J'aurois bien un ſecret, mais...

LE DOCTEUR.
Les femmes en ont-elles pour le Médecin du corps?

MALCELLINE.
Vous ſavez bien que je n'en ai pas pour vous. Toute femme eſt.. mais la plus timide, & la plus avanturée ſent une voix intérieure qui lui dit : ſois belle, ſi tu peux, ſage, ſi tu veux ; mais ſur-tout ſois conſidérée, il le faut : puiſqu'il faut donc qu'on ſoit conſidérée, que toute femme en ſent l'impor-tance, il ne ſera pas difficile de faire adopter ce principe à Suzanne, & lorſque Mr. le Comte voudra la faire entrer dans les vûes qu'il a ſur elle, elle le refuſera, & le Comte ſaiſira avec empreſ-ſement l'occaſion que je lui donnerai de s'en ven-ger, en me faiſant épouſer Figaro.

LE DOCTEUR.
Elle a raiſon parbleu, le tour ſeroit bon de faire épouſer ma vieille Gouvernante au Coquin qui me fit enlever ma jeune Maîtreſſe.

MARCELLINE.
Et qui croit ajoûter à ſes plaiſirs.

LE DOCTEUR.
Et qui m'a volé cent écus que j'ai toujours ſur le cœur; il ſeroit délicieux de me venger ainſi du ſcélérat.

MARCELLINE.
De l'épouſer, Docteur.

SCENE V.

SUZANNE, *apportant un ruban & une Lévite de taffetas.* LE DOCTEUR, MARCELLINE.

SUZANNE.

L'Épouser ! l'épouser ! épouser ? qui ? mon Figaro ?

MARCELLINE.

Pourquoi pas ? vous l'épousez bien.

LE DOCTEUR.

Plaisant argument d'une femme en colere !

MARCELLINE.

Sans compter Mgr. dont on ne parle pas.

SUZANNE.

Votre servante, Madame, il y a toujours quelque chose d'amer dans vos propos.

MARCELLINE.

Bien la votre, Madame, où est donc l'amertume ? il est bien juste qu'un loyal Seigneur partage la joie qu'il procure à ses gens.

SUZANNE,

Qu'il procure ? Heureusement que la jalousie de Madame est aussi connue, que ses droits sur Figaro sont légers.

MARCELLINE.

On eût pu les rendre plus forts en les cimentant à la façon de Madame.

SUZANNE.

Ah ! cette façon, Madame, est celle des femmes savantes.

LE DOCTEUR.

(*voulant emmener Marcelline.*)

Adieu la charmante fiancée de notre Figaro.

MARCELLINE.

Je salue l'humble servante des plaisirs de Monseigneur.

SUZANNE.
Ah ! qu'il vous estime beaucoup, Madame?

MARCELLINE.
Madame me fera-t-elle l'honneur aussi de me chérir un peu?

SUZANNE.
A cet égard, Madame n'a rien à desirer.

MARCELLINE.
C'est une si jolie personne que Madame.

SUZANNE.
Eh! mais assez pour désoler Madame.

MARCELLINE.
Et sur-tout bien respectable.

SUZANNE.
Mais... c'est aux Duègnes à l'être.

MARCELLINE (*furieuse.*)
Aux Duegnes? aux Duegnes?

LE DOCTEUR.
Ah ! Marcelline, Marcelline; (*Il la prend sous le bras & l'emmene.*)

MARCELLINE.
Adieu Madame.

SUZANNE,
Adieu Madame. (*lorsque Marceline est à la porte.*) Allez pédante, je crains aussi peu vos efforts, que je méprise vos outrages.

SCENE VI.

SUZANNE. (*seule.*)

Voyez un peu cette vieille Sybille, parce qu'elle a fait quelques études, & qu'elle a tourmenté la jeunesse de Madame, elle veut tout dominer au Château... mais je ne sais plus ce que je venois faire.

SCENE VII.

CHERUBIN, SUZANNE.

CHERUBIN.

AH! que je fuis content de trouver feule Suzanne! Il y a deux heures que je la cherche.

SUZANNE.

Pourquoi cela ?

CHERUBIN.

Tu te maries, Suzanne, & moi je pars.

SUZANNE.

Comment tu pars ?

CHERUBIN.

Monfeigneur me renvoie.

SUZANNE.

Vous avez fait quelque chofe, Chérubin ? Comment fe peut-il que le premier Page de Monfeigneur foit tombé dans la difgrace ?

CHERUBIN.

J'étois hier chez la coufine Fanchette à lui faire répéter fon petit rôle d'innocente.

SUZANNE. *d'un air ironique.*

Son petit rôle d'innocente !

CHERUBIN.

Lorfque Mgr. eft entré, il s'eft mis dans une colére..fortez a-t-il dit petit... Oh! je n'ofe pas répéter dévant une femme le gros mot qu'il a dit... fortez, & que demain vous ne couchiez pas au Château. Si ma belle Maraine ne l'appaife pas, je fuis perdu.

SUZANNE.

Et pourquoi ne t'adreffes-tu pas toi-même à Elle.

CHERUBIN, *foupirant.*

Ah ! Suzanne, qu'elle eft noble & belle ! mais qu'elle eft impofante ?

SUZANNE.

Ah ! c'eſt-à-dire que je ne la ſuis pas moi, & qu'on peut oſer avec moi.

CHERUBIN.

Tu ſais bien frippone que je n'oſe pas oſer ; que tu es heureuſe Suzanne, de voir tous les jours ma belle Maraine, de lui parler à chaque inſtant, de l'habiller le mâtin, de la deshabiller le ſoir, épingle à épingle, *(voyant un ruban que Suzanne a à la main)* qu'eſt-ce que tu tiens donc là ?

SUZANNE.

(contrefaiſant le ton paſſionné de Chérubin.)

Ceſt le ruban, le fortuné ruban qui pendant la nuit ſerre les cheveux de cette belle Maraine.

CHERUBIN

Ah ! donne-le moi, mon cœur.

SUZANNE.

Son cœur ? Mais voyez donc comme il eſt familier.

CHÉRUBIN lui arrache le ruban & s'enfuit.

SUZANNE, *courant après lui.*

Voulez-vous bien me le rendre, petit voleur ?

CHERUBIN

On m'arracheroit plutôt la vie, Suzanne ; tiens, tu diras que tu l'as perdu ; tu diras tout ce que tu voudras ; mais je ne le rendrai pas.

SUZANNE.

Je prédis que dans trois ou quatre années vous ferez le plus grand petit vaurien.

CHÉRUBIN.

Ah ! laiſſe-le moi, Suzon ; je te donnerai une Romance, tu la chanteras à ma belle Maraine ; & quand je n'y ſerai plus, elle ſervira à la faire penſer quelquefois à moi... tu ne m'écoutes pas : ta couſine Fanchette m'écoute bien, mais toi...

SUZANNE.

C'eſt bien dommage : écoutez donc, Monſieur.

CHERUBIN.

Tiens, Suzanne, depuis quelque tems j'éprouve
à la vûe d'une femme un sentiment... tout mon
sein se souleve; mon visage est en feu; le besoin
que j'ai de dire à quelqu'un, je vous aime, est si
pressant, que je le dis à chaque instant à ta Maitresse, à toi; je le dis tout seul en me prome-
nant, aux arbres, aux nuages, aux vents qui les
emportent avec mes paroles. Hier je rencontrai
Marcelline.

SUZANNE, (*faisant un long geste de surprise*)
Marcelline ?

CHERUBIN.

Pourquoi non ? n'est-elle pas une femme ? n'est
elle pas fille ? Que ces noms sont doux ! qu'ils sont
intéressants !

SUZANNE.

Allons, il devient fou ! à çà me rendrez-vous
mon ruban... (*Elle cherche à le lui arracher,
mais elle manque son coup.*)

CHERUBIN.

Ah, Ou Hé, ah. Ou, Hé, (*Il s'enfuit derriere
un fauteuil.*)

SUZANNE.

(*tournant autour du fauteuil s'arrête enfin.*)
Je dirai à Madame : renvoyez-le à ses parens, ren-
voyez le petit vaurien ; c'est un petit voleur qui
se donne les airs d'aimer Madame, qui embrasse
Fanchette, & qui veut m'en compter par-dessus
le marché.

CHERUBIN.

(*voyant venir le Comte.*)
Ah ! Suzanne, je suis perdu. (*Il se cache derriere
le fauteuil.*)

SUZANNE.

Quelle frayeur ! (*voyant venir le Comte, elle cache de son corps le Page qui est derrierre le fauteuil.*)

SCENE

S C E N E VIII.

Le Comte A L M A-V I V A, SUZANNE,
(*CHÉRUBIN derriere le fauteuil.*)

Le C O M T E *se tournant vers la coulisse.*

JE r'entre à l'instant. (*à Suzanne*) qu'est-ce
que tu as, Suzanne, ton petit cœur paroît bien
émû: au reste, c'est bien pardonnable le jour
d'une nôce.

S U Z A N N E.

Monseigneur allez-vous-en, si on vous trouvoit
ici..

Le Comte A L M A-V I V A.

J'en serois au désespoir, ma chère; mais je n'ai
qu'un mot à te dire (*Il s'assied dans un fauteuil.*)
le Roi m'a nommé son Ambassadeur à Londres,
& je donne un excellent poste à Figaro. Je l'em-
ménerai avec moi à Londres, & je te ferai courir
l'ambassade; tu suivras ton mari sans-doute: les
devoirs d'une femme..

. S U Z A N N E.

Ah! si j'osois parler.

Le Comte A L M A - V I V A.

Eh bien! parle, ma chère, parle, use d'un
droit que tu prends aujourd'hui pour la vie.

S U Z A N N E.

Je n'en veux pas, Monseigneur, je n'en veux
pas... je ne sais plus ce que je voulois dire.

Le Comte A L M A - V I V A.

Tu en étois... sur le devoir des femmes, qu'en
dis-tu?

S U Z A N N E.

Lorsque Monseigneur enleva la sienne, de chez
le Docteur, & renonça par amour pour elle, au

B

droit du Seigneur, ce droit honteux que vous avez aboli..

Le Comte A L M A - V I V A.

Oui, & qui faifoit tant de peine aux filles, n'eft-ce pas ? Suzon, ce droit charmant, fi tu voulois venir en jafer ce foir au jardin avec moi, fur la brune, je mettrois un tel prix à cette légere faveur ...

SCENE IX.

LE COMTE, SUZANNE, BASILE, CHERUBIN.

BASILE, *dans la coulisse.*

MOnfeigneur n'eft pas chez lui, vous dis-je.

Le Comte A L M A - V I V A.

Ciel ! d'où vient cette voix ?

BASILE.

Il eft chez Madame.

SUZANNE.

Ciel ! c'eft Bafile. Ah, Monfeigneur, s'il vous trouvoit ici ! (*le Comte cherche un endroit pour fe cacher.*) J'en ferois au défespoir, quoi! pas un endroit pour fe cacher ! ah ! derriere ce fauteuil! [*il s'avance vers le fauteuil. suzanne fe met entre lui & le Page, cache ce dernier, qui à mefure que le Comte s'avance & que Suzanne recule, tourne du côté oppofé à celui par où le Comte avance, & fe cache tout entier dans le fauteuil, pendant que le Comte fe cache derriere ; & suzanne les couvre tous deux avec la lévite blanche.*]

BASILE, *entrant fur le Théâtre.*

Je croyois Monfeigneur ici, Mademoifelle.

SUZANNE.

Qui vous l'a dit ?

BASILE.

Si vous étiez plus raisonnable, il n'y auroit rien d'étonnant à ma question, c'est Figaro qui le cherche.

SUZANNE.

Il cherche donc l'homme qui après vous, lui veut le plus de mal.

LE COMTE, à *part*.

Voyons un peu comme il me sert.

BASILE.

Dire du bien à une femme, est-ce vouloir du mal à son mari ?

SUZANNE.

Non, dans vos affreux principes, Agent de corruption.

BASILE.

De toutes les choses sérieuses, le mariage étant la plus bouffone, j'avois pensé..

SUZANNE.

Des horreurs.

BASILE.

Que vous demande-t-on ? que vous n'alliez prodiguer à un autre, graces à la douce cérémonie.. ce qu'on vous défend aujourd'hui, on vous le prescrira demain.

SUZANNE.

Mais allez-vous-en, vil Agent de corruption.

BASILE.

Là, là ! méchante ; Dieu vous appaise. Figaro n'est pas le seul obstacle qui nuise aux desseins de Monseigneur ; car le Page...

SUZANNE.

Chérubin ?

BASILE.

Oui, Cherubino di amore ; car lorsque je vous ai quittée tantôt, il rodoit autour d'ici : dites que cela n'est pas vrai ?

SUZANNE.

Mais allez-vous en méchant-homme.

BASILE.

On eft un méchant-homme, parce qu'on y voit clair. Et la Romance qu'il a faite, & dont il fait myftere.

SUZANNE.

Pour moi?

BASILE.

Oui, à moins qu'il ne l'ait compofée pour Madame. En effet, quand il la fert à table, on dit qu'il la regarde avec des yeux... mais, pefte, qu'il ne s'y joue pas ; Monfeigneur eft brutal fur l'article.

SUZANNE.

Et vous, bien indigne d'inventer mille calomnies pour perdre un malheureux enfant déjà tombé dans la disgrace de fon Maître.

BASILE.

Eft-ce que je l'invente? Ce que j'en dis moi, c'eft que tout le monde en parle.

LE COMTE, *fortant de derriere le fauteuil.*

Comment tout le monde en parle?

BASILE.

Ah! Monfeigneur, que je fuis fâché!

Le Comte ALMA-VIVA.

Courez, Bafile, & qu'on le chaffe.

SUZANNE, (*prête à s'évanouir, chancelle.*)

Ah! ah! ah! mon Dieu.

Le Comte ALMA-VIVA.

Elle fe trouve mal, affeyons-la donc dans ce fauteuil. (*Ils s'apprétent à la porter dans le fauteuil & la prennent dans leurs bras.*)

SUZANNE, *effrayée, reprenant toutes fes forces, s'échappe de leurs mains & s'écrie:*

Je ne veux pas m'affeoir: entrer comme cela, quand je fuis feule, c'eft indigne.

Le Comte ALMA-VIVA.

Qu'as-tu à craindre, Suzanne, ne sommes-nous pas deux?

BASILE.

Ah! que je suis fâchée de m'être égaiée sur le compte du petit Page, puisque vous l'entendiez. Au fond, Monseigneur, ce que j'en disois n'étoit que pour sonder les dispositions de Suzanne.

Le Comte ALMA-VIVA.

Cinquante pistoles, & un Cheval; & qu'on le renvoie à ses parens.

BASILE.

Ah! Monseigneur, pour un badinage?

Le Comte ALMA-VIVA.

Hier encore, je l'ai surpris chez la fille de mon Jardinier.

BASILE.

Avec Fanchette?

Le Comte ALMA-VIVA.

Dans sa chambre.

SUZANNE.

Où Monsieur avoit sans doute affaire aussi?

LE COMTE, *à part.*

J'aime assez sa repartie.

BASILE.

Elle est d'une bonne augure.

LE COMTE, (*haut.*)

J'allois pour donner quelques ordres à ton oncle Antoine, mon yvrogne de jardinier. Je frappe, on me fait long-tems attendre; enfin on ouvre: ta Coquine a l'air empêtré; je prends quelques soupçons, je regarde, j'apperçois derriere la porte un manteau, un rideau, je ne sais pas trop, qui servoit à couvrir des hardes; j'approche .. (*tout en disant cela, le comte approche vers le fauteuil & découvre la lévite qui couvre le Page*) je le léve

B iij

& j'apperçcis…. (*appercevant le Page*) Ah !
(*Tous trois restent dans des attitudes qui marquent*
l'indignation & la surprise du comte, l'étonnement
stupide de Basile, & la frayeur de Suzanne. Enfin
le comte rompant le silence) ce tour-ci vaut l'autre

B A S I L E.

Encore mieux.

L E C O M T E, *à Suzanne.*

Fort bien, Mademoiselle: à peine fiancée, vous
faites de pareils aprêts, & lorsque vous vouliez me
renvoyer, c'étoit pour entretenir mon Page. (*à*
chérubin.) Et vous, Monsieur, qui ne changez
point de conduite, il ne vous manque plus que de
vous adresser sans respect pour vôtre Maraine, à la
premiere Cámériste, à la femme de votre ami:
mais je ne souffrirai pas que Figaro, qu'un homme que j'estime, que j'aime, soit victime d'une
pareille tromperie…. étoit-il entré avec vous,
Basile?

S U Z A N N E.

Il n'y a ici ni victime ni tromperie, Monseigneur; il étoit là (*montrant le fauteuil*) quand
vous êtes entré. …

L E C O M T E.

Dans ce fauteuil? Puisses-tu mentir en le disant?
Son plus cruel ennemi n'oseroit lui souhaiter ce
mal? Mais c'est une autre fourberie. Je me suis
assis en entrant.

C H E R U B I N, *toujours dans le fauteuil.*

Hélas! Monseigneur, j'étois tremblant derriere.

L E C O M T E.

Ruse d'enfer! Je viens de m'y placer moi-même.

C H E R U B I N.

Pardon! mais c'est alors que je n'y suis pelotté
dedans.

L E C O M T E

Mais c'est une couleuvre que ce petit serpent!
Eh bien! il a tout entendu.

CHERUBIN.
Monseigneur, au contraire, j'ai fait tout ce que j'ai pu pour ne rien entendre. (*la porte du fond s'entr'ouvre*)

BASILE.
On vient, Monseigneur.

LE COMTE, (*arrachant le Page de dedans le fauteuil.*)
Il resteroit là dedans devant tout l'Univers.

SCÉNE X.

LE COMTE, BASILE, SUZANNE, CHERUBIN, LA COMTESSE, FIGARO, FANCHETTE, *Troupe de Paysans & Paysannes qui portent le chapeau de la Fiancée.*

LA COMTESSE.

VOus le voyez, M. le Comte, ils me supposent un crédit que je n'ai pas. (*montrant Figaro.*) Il venoit me prier de presser auprès de vous son mariage avec Suzanne: leur empressement est naturel ; & j'espére que vous leur accorderez cette grace en faveur de l'amour que vous aviez autrefois pour moi...

LE COMTE.
Et que j'ai toujours, Madame, & c'est à ce seul titre que je l'accorde.

FIGARO.
En ce cas, Monseigneur, permettez que je vous présente ce chapeau virginal orné de plumes blanches, symbole de la pureté de vos intentions: daignez le placer vous-même sur la tête de cette jeune créature, dont votre sagesse a préservé la vertu, & que je sois le premier à la célébrer, & notament l'abolition du droit du Seigneur, auquel

votre amour pour Madame vous a fait renoncer.

SUZANNE.

Monſeigneur, ne refuſez pas le juſte tribut d'éloges qui vous eſt dû.

LE COMTE, *à part.*

Oh! la traîtreſſe.

FIGARO.

Mais regardez-la donc, Monſeigneur, & voyez ſi jamais auſſi jolie femme fiancée montra la grandeur de votre ſacrifice.

SUZANNE.

Ne parlons pas de ma figure, mon ami, parlons plutôt de la vertu de Monſeigneur.

LE COMTE, (*à part.*)

Ma vertu? Elle ſe moque de moi. (*haut.*) l'abolition d'un droit honteux n'eſt pas un ſacrifice, mais l'acquit d'une dette envers l'honnêteté. Un Seigneur Eſpagnol peut bien chercher à vaincre la beauté par ſes ſoins; mais en exiger les prémices comme une ſervile redevance? Ah! c'eſt la tyrannie d'un Vandale, & non le droit d'un noble Caſtillan.

FIGARO, *à Chérubin.*

Eh bien! eſpiegle, vous n'applaudiſſez point?

SUZANNE.

Monſeigneur le renvoie.

FIGARO.

Ah! Monſeigneur.

LA COMTESSE.

M. le Comte, je demande ſa grace.

LE COMTE.

Madame, il n'en mérite pas.

LA COMTESSE.

Il eſt ſi jeune!

LE COMTE.

Pas tant que vous le croyez.

CHERUBIN.

Pardonner généreusement, n'est pas le droit du Seigneur, auquel vous avez renoncé.

LA COMTESSE.

Il ne renonce qu'à celui qui vous afligeoit tant.

SUZANNE.

Si Monseigneur avoit aboli ce droit, il seroit le premier qu'il voudroit rétablir.

FIGARO.

Mes amis, unissez-vous à moi, (*tous ensemble*) Monseigneur.

CHERUBIN.

Monseigneur, si j'ai pu être léger dans ma conduite, jamais la moindre indiscretion dans mes paroles...

FIGARO, (*d'un air inquiet.*)

Qu'est-ce qu'il dit ?

LE COMTE.

C'est assez : je lui pardonne.
(*TOUS ensemble* Vivat.)

LE COMTE.

J'irai plus loin ; je lui donne une Compagnie dans ma Légion. (*Tous ensemble* Vivat.) mais à condition qu'il partira sur le champ, pour rejoindre en Catalogne.

FIGARO.

Je le veux ... allons, Monsieur, remerciez votre Maraine, & demandez-lui sa protection.

SUZANNE *améne Chérubin,*
qui met un genoüil en terre devant la Comtesse.

LA COMTESSE, (*d'une voix*
qui s'altére par dégrés.)

Puisqu'on ne peut vous garder seulement jusqu'à demain, partez, Jeune-homme ; une nouvelle carriere vous attend ; parcourez-la avec honneur : soyez brave, honnête, soumis ; n'oubliez jamais les bontés de votre Bienfaiteur ; souvenez-vous de

cette maifon où votre jeuneffe a été élevée, con-
duifez-vous bien, & nous prendrons toujours part
à vos fuccès.

LE COMTE.

Madame, vous étes bien émûe.

LA COMTESSE.

Je ne m'en défends pas, Monfieur. Il eft allié
de ma famille, & de plus mon filleul; je ne puis
voir fans crainte cet enfant fi jeune lancé dans une
carriere auffi dangereufe.

LE COMTE, *à Chérubin*.

Embraffez Suzanne pour la derniere fois.

FIGARO, *fe mettant entre Suzanne &*
Chérubin, qui s'approchent pour s'embraffer.

Pourquoi donc Monfeigneur? il viendra paffer
ce quartier d'hiver. Embraffe-moi Capitaine.
(*il embraffe Chérubin.*) Allons, mon petit Chérubin, tu vas mener un train de vie bien différent mon enfant : tu ne roderas plus toute la
journée au quartier des femmes. Plus d'échaudés,
plus de goûters à la crême, plus de main chaude,
plus de collin-maillard. Bon Soldat morbleu,
teint bafanné, mal vêtu, mal nourri, un bon
fufil bien lourd, tourne à droite, tourne à gauche, en avant, marche à la gloire & ne vas
pas broncher en chemin, à moins qu'un bon
coup de feu....

SUZANNE.

Fi donc, l'horreur.

LA COMTESSE.

Quel vilain pronoftic !

FIGARO.

Allons Mgr. tout eft prêt pour la cérémonie,
elle ne dépend plus que de vous.

LE COMTE, *à part.*

Je fuis pris. (*haut.*) J'y confens, mais j'ai befoin d'un peu de repos & pour que la fête ait plus

, voudrois qu'elle fût remise a tantôt, à propos, où est donc Marcelline? est-ce qu'elle n'est pas des vôtres? (*à part.*) Elle ne vient pas?

FIGARO.

Je ne sais pas. Monseigneur: elle en sera si elle veut; mais cela ne fait rien à mes nôces, elles n'en seront pas moins gaies.

LE COMTE, *à part.*

Elle les troublera, je t'en réponds.

FANCHETTE.

Vous demandez Marcelline, Monseigneur, je l'ai rencontrée dans le Parc, sur le chemin qui conduit à la ferme; M. le Docteur lui donnoit le bras.

LE COMTE.

Le Docteur est ici?

FANCHETTE.

Ah! elle avoit l'air en colere; elle faisoit de grands gestes, elle faisoit de grands bras, Mr. lui faisoit comme ça de la main pour l'appaiser; elle nommoit mon cousin Figaro.

LE COMTE.

Cousin? Cousin futur, & quand reviendra-t-elle?

BASILE.

Elle reviendra quand il plaira à Dieu.

FIGARO.

S'il lui plaisoit qu'il ne lui plût jamais.

FANCHETTE *montrant Chérubin.*

Monseigneur, nous avez-vous pardonné de tantôt.

LE COMTE, (*lui prenant le menton, dit à demi-voix, comme pour lui dire, ne dis rien.*)

Bon jour, bonjour, petite; allons à tantôt, j'ai besoin de repos, je me retire pour un moment. Basile, vous passerez chez moi. (*Basile faisant une révérence, il donne la main à la comtesse. Figaro re- ient Basile, & Chérubin.*)

SCENE XI.

BASILE, FIGARO, CHERUBIN

FIGARO.

AH ça! vous autres, la cérémonie adoptée, mon mraiage en eft à la fuite, prenons bien garde à nous; ne reffemblons pas à ces Acteurs, qui ne jouent jamais fi mal que quand la critique eft la plus éveillée. Sâchons bien nos rôles; nous n'avons pas de lendemain qui nous excufe nous.

BASILE.

Mon rôle eft plus difficile que tu ne penfes.

FIGARO, (*tournant les bras comme quelqu'un qui donne des coups de bâton*)

Ainfi tu es loin de favoir tout le fuccès qu'il te vaudra.

CHERUBIN.

Mon ami, tu oublies que je pars.

FIGARO

Bon, n'aye pas l'air d'avoir de l'humeur en partant, & que l'on voie ton cheval à la grille; prends gaiment ce manteau de voyage, un tems de galop jufqu'à la grille; reviens à pied par le derriere, ne te montre pas à Monfeigneur, & je me charge de l'appaifer après la fête.

CHERUBIN.

Et Fanchette, qui ne fait pas fon rôle.

BASILE.

Et que diable lui apprenez-vous donc depuis plus de huit jours que vous ne la quittez pas?

FIGARO.

Donne-lui la journée aujourd'hui, tu n'as rien à faire.

BASILE.

Jeune-homme, prenez garde: elle n'étudie pas

avec vous ; le pere n'eſt pas ſatisfait, la fille a été ſoufletée : Chérubin, Chérubin, Chérubin, vous lui cauſerez des châgrins : tant va la cruche à l'eau....

FIGARO.

Voilà mon imbécille, avec ſes vieux proverbes. Hé bien, que dit la ſageſſe des Nations?..tant va la cruche à l'eau, qu'à la fin....

BASILE.

Elle ſe remplit.

FIGARO.

Ce n'eſt pas ſi bête.

Fin du premier Acte.

ACTE II.

Le Théâtre repréfente la chambre à coucher de la Comteffe, dans laquelle donne à droite la porte de la chambre de Suzanne. Au fond du Théâtre eft le lit de la Comteffe : à la droite du lit eft une fénêtre fur le potager. A gauche, eft la porte qui communique de l'appartement des femmes de la Comteffe, dans fa chambre. Sur la gauche, vis-à-vis du cabinet où couche Suzanne, eft la porte d'entrée de la chambre de la Comteffe. On voit fur la droite un fauteuil & un tabouret, plus loin, derriere eft un fauteuil, fur lequel eft une Guitare ; vis-à-vis un autre fauteuil, une chaife à côté de la fénêtre qui donne fur le potager & un banc le long de la fénêtre.

SCENE PREMIERE.

LA COMTESSE, SUZANNE.

LA COMTESSE.

FErme la porte Sufon, Sufon, vas fermer la porte. (*elle s'affied.*) Suzanne, conte-moi tout dans le plus grand détail ; le Comte vouloit donc te féduire ?

SUZANNE.

Non, Madame, Monfeigneur ne met pas tant de façon avec fa fervante, il vouloit m'achetter à beaux deniers comptants.

LA COMTESSE.

Et le petit page étoit préfent.

SUZANNE.

Non, Madame, il étoit caché derriere le fau-

teuil ; il étoit venu me dire de vous prier d'inter-
céder pour lui auprès de M. le Comte qui le
renvoyoit.

LA COMTESSE.

Mais que ne s'eſt-il d'abord adreſſé à moi, eſt-
ce que je l'aurois refuſé?

SUZANNE.

C'eſt ce que je lui ai dit. Savez-vous ce qu'il
m'a répondu, ah ! Suzanne, qu'elle eſt noble &
belle ! mais qu'elle eſt impoſante !

LA COMTESSE.

Eſt-ce que j'ai cet air-là, Suzanne?

SUZANNE.

Et puis il m'a vôlé votre ruban.

LA COMTESSE.

Mon ruban ! ah ! quelle enfance !

SUZANNE.

Il s'eſt jetté deſſus avec rapidité... J'ai eu beau
courir après lui, le menacer de M. le Comte &
de vous... C'étoit un lion, c'étoit un... Non,
vous ne l'aurez qu'avec ma vie, diſoit-il, en ren-
forçant ſa petite voix grêle : & parce que ce petit
maraud-là n'oſeroit ſeulement baiſer le bas de
votre Robbe, il veut toujours m'embraſſer par
contre-coup.

LA COMTESSE, *ſe levant & marchant ſur la ſcene.*

Laiſſons, laiſſons ces folies-là... Ouvre la fénêtre, Suzon, il fait une châleur...

SUZANNE, *ouvrant la fénêtre qui donne ſur le potager.*

C'eſt que Madame parle & marche avec feu.

LA COMTESSE.

Figaro ſe fait bien attendre.

SUZANNE.

Il viendra ſitôt que l'on ſera parti pour la chaſſe.
(*Elle regarde par la fenêtre*) tenez, tenez, Madame, voilà Mgr. qui traverſe le potager avec Pé-

drille, & puis un , deux, trois, quatre Ecuyers.

LA COMTESSE.

Tant mieux. Nous aurons du tems pour tout.

(*On frappe à la porte.*)

SUZANNE, *Elle court ouvrir en chantant.*

Ah ! c'eft mon Figaro, c'eft mon Figaro.

SCENE II.

FIGARO, SUZANNE, LA COMTESSE.

SUZANNE.

MAdame s'impatiente, mon ami.

FIGARO.

Et toi auffi ... Madame ne doit pas s'inquieter: au fait, de quoi s'agit-il ? d'une mif re

LA COMTESSE.

Eh bien ! Figaro, connois-tu Mr. le Comte?

FIGARO.

Comment , fi je le connois? Il trouve une jolie fiancée, il veut en faire fa maîtreffe; qu'y a-t-il d'extraordinaire ?

LA COMTESSE.

Tu ris, Figaro ?

FIGARO.

Et pour parvenir à fes fins , il m'a fait courier des dépêches, & Suzon Confeiller d'ambaffade: il n'y a pas là d'étourderie.

SUZANNE.

Finiras-tu ce badinage?

FIGARO.

Et parce que Suzanne ne veut point accepter le diplomât , il veut s'en venger en me faifant épou-fer Marcelline ; rien de plus naturel.

LA COMTESSE.

Comment traiter li légerement un deffein, qui nous coûte à tous le bonheur ?

FIGARO.

Tout cela ne m'inquiete guères : je veux le faire tomber dans fon propre piège, & pour agir auffi méthodiquement que lui, tempérer d'abord l'ardeur de M. le Comte fur nos poffeffions, en l'inquiétant un peu fur les fiennes.

LA COMTESSE.

C'eft bien dit, mais comment ?

FIGARO.

C'eft déjà fait, Madame... un faux avis donné fur vous ....

LA COMTESSE.

Y penfes-tu, Figaro ?

FIGARO.

Oui, Madame, pour tempérer l'ardeur des gens du caractère de M. le Comte, il faut leur fouetter le fang : & c'eft ce que les femmes entendent fi bien ! après cela, on les méne où l'on veut par le nez, dans le Guadalquivir.

LA COMTESSE.

Mais, Figaro, avez-vous perdu la tête de jetter ainfi des foupçons fur ma conduite ?

FIGARO.

Madame, il n'y a que très peu de femmes avec qui je l'euffe ôfé, de peur de rencontrer jufte.

LA COMTESSE.

Vous verez qu'il faudra encore que je le remercie.

FIGARO.

Mais n'eft-il pas charmant de lui tailler ainfi les morceaux pour la journée, & de lui faire paffer à furveiller fa femme, le tems qu'il deftinoit à paffer avec la mienne ? (*Il regarde par la fenctre.*) Ah ! voyez, voyez, voilà M. le Comte qui force un Lievre qui n'en peut, mais...

C

LA COMTESSE, *à suzanne.*

La tête lui tourne.

FIGARO.

C'eſt à lui qu'elle doit tourner : courrera-t-il après celui-ci ? Suscitera-t-il celui-la ?

LA COMTESSE.

Eh bien! à quoi tout cela ménera-t-il ?

FIGARO.

Le voici. (*à Suzanne.*) tu lui donneras un rendez-vous pour ce ſoir.

SUZANNE.

Moi ! un rendez-vous ?

FIGARO.

Oh! dame, quand on n'eſt bonne à rien & qu'on n'oſe rien, on n'avance rien ; voilà mon mot à moi.

SUZANNE.

Eh bien ! après.

FIGARO.

Alors tu enverras à ta place Chérubin.

SUZANNE.

Mais il eſt parti.

FIGARO.

Non pas pour moi .. à-çà, me laiſſera-t-on faire ?

SUZANNE.

Madame, on peut s'en fier à lui pour conduire une intrigue.

FIGARO.

Une, deux, trois intrigues à-la-fois, bien embrouillées, qui ſe croiſent…. j'étois né pour être Miniſtre.

SUZANNE.

On dit que c'eſt ſi difficile.

FIGARO.

Difficile ! ſavoir prendre, recevoir, demander, voilà le ſecret en trois mots. Allons, pour ne point perdre de tems, je ſors & je vous envoie Chérubin, pour l'habiller, le coëffer, & puis ſautez, Mgr.

SCENE III.

SUZANNE, LA COMTESSE.

LA COMTESSE. (*Elle se mire dans un miroir de poche.*)

SUzanne, comme je suis faite? Et ce Jeune-homme qui va venir.

SUZANNE.

Madame ne veut pas qu'il en réchappe.

LA COMTESSE.

Mais c'est qu'en vérité mes cheveux sont dans un désordre....

SUZANNE, (*lui releve une boucle.*)

Tenez, Madame, avec cette boucle, vous le gronderez bien mieux.... Faisons-lui chanter sa Romance.

SCENE IV.

LA COMTESSE, SUZANNE, CHERUBIN.

SUZANNE, (*Elle court allant ouvrir la porte*)

ENtrez, Monsieur l'Officier.

CHERUBIN.

Que ce nom m'aflige, Madame! il m'apprend qu'il faut quitter des lieux si chéris, une Marraine si bonne.

SUZANNE.

Et si belle! ...

CHERUBIN, *soupirant.*

Ah! oui.

SUZANNE, *le contrefaisant.*

Ah! oui! ... Mais voyez le donc avec ses longues paupiéres hyppocrites ... Madame, il faut lui faire

C ij

chanter ſa Romance. (*elle la donne à la Comteſſe.*)
Approchez bel oiſeau blanc.

    LA COMTESSE.
Dit-on de qui elle eſt ?
    SUZANNE.
Voyez la rougeur du coupable, il en a un pied
ſur les joues.
    CHERUBIN.
Madame, je ſuis ſi tremblant.
    SUZANNE.
Quien, quien, quien… Approchez, modeſte
Auteur, puiſqu'on vous l'ordonne. Je vais l'ac-
compagner.
    LA COMTESSE, *à Suzanne.*
Prends ma Guitare.

*La Comteſſe fait une ſcene muete, & liſant, elle
regarde de tems en tems Chérubin, qui tantôt la
regarde & tantôt baiſſe les yeux. Suzanne les regarde tous deux ; & chante en riant de tems en tems.*

  SUZANNE & CHÉRUBIN.

AUprès d'une Fontaine,
Que mon cœur, mon cœur a de peine,
Penſant à ma Maraine,
Sentis mes pleurs couler. (*bis.*)

Je gravois ſur un chêne,
mon cœur, mon cœur a de peine,
Sa lettre dans la mienne,
Le Roi vient à paſſer, (*bis.*)
Ses Barons, ſon Clergé.

Beau Page, dit la Reine,
Que mon cœur, mon cœur a de peine,
Beau Page, dit la Reine,

Qu'avez-vous à pleurer. (*bis.*)

J'avois une Maraine,
Que mon cœur, mon cœur a de peine,
J'avois une Maraine
Que toujours adorois.

LA COMTESSE, *pliant la Romance.*
C'eft affez, elle bien faite; il y a du fentiment.
SUZANNE.
Ah! pour du fentiment, c'eft un jeune homme....
(*Chérubin tire Suzanne par la robbe pour l'empê-
cher de parler.*) [Bon.] Oh, je dirai tout, petit
vaurien. O ça, Mr. l'officier, pour égayer la jour-
née, il s'agit de voir fi une de mes Robbes vous
ira bien.
LA COMTESSE.
Y penfes-tu, Suzanne?
SUZANNE, *fe mefure avec Chérubin.*
Il eft de ma taille : commençons par ôter le
Mantelet. [*Elle l'ôte.*]
LA COMTESSE.
Mais fi l'on nous furprenoit ?
SUZANNE.
Eh bien, qu'eft-ce que nous faifons donc?...
Mais je vais fermer la porte [*Elle ferme la porte.*]
Oh! c'eft la coëffure que je veux voir.
LA COMTESSE.
Dans mon cabinet, fur ma toilette, prends
une Baigneufe à moi.
SUZANNE, *court chercher le bonnet, re-
vient, s'affied fur un tabouret auprès de la Com-
teffe, fait mettre Chérubin à genoux devant elle
& le coëffe en femme.*
Mais voyez donc comme il eft joli en fille,
ce maraud-là; j'en fuis jaloufe, moi. Voulez-vous
bien n'être pas joli comme cela.

LA COMTESSE.

Dégage un peu son collet, qu'il ait l'air un peu femme. [*Suzanne obéit.*] Relevons un peu les manches, afin que les amadis prennent mieux. (*En relevant les manches elle apperçoit son ruban, roulé autour du bras de chérubin.*) Qu'est-ce que je vois donc-là, mon ruban ?

SUZANNE.

Ah ! je suis bien aise que Madame s'en apperçoive ; aussi bien je lui avois dit que je vous le dirois ; je lui aurois repris, si Monseigneur n'étoit venu, car je suis presque aussi forte que lui.

LA COMTESSE, *déroulant le ruban.*

Il y a du sang.

CHÉRUBIN.

Ce matin comptant partir, j'arrangeois la gourmette de mon cheval ; il a donné de la tête, & la bossette m'a effleuré le bras.

LA COMTESSE.

On n'a jamais vû mettre un ruban autour du bras en pareille occasion.

SUZANNE.

Et sur-tout un ruban volé... Voyons donc un peu ce que la gourmette, la courbette, car je n'entends rien à tous ces termes-là, (*elle lui regarde le bras*) comme il a le bras blanc ! c'est comme une femme ! tenez, Madame, il l'a plus blanc que le mien.

LA COMTESSE.

Amusez-vous plutôt à m'avoir du taffetas gommé. (*Suzanne sort en poussant Chérubin & le faisant tomber sur ses mains. Chérubin & la Comtesse restent long-tems à se regarder l'un après l'autre : enfin la Comtesse rompt le silence.*)

LA COMTESSE.

Enfin voilà où vous ont mis vos étourderies ; ne paroissez pas de la journée aux yeux de M le Comte, nous lui dirons que le tems d'expédier votre brévet ..

CHERUBIN.

C'eft déjà fait, Madame, (*il le tire de fa poche & le préfente à la comteffe.*) le voilà.

LA COMTESSE.

Déjà! On a eu peur de perdre un moment. (*elle l'ouvre.*) Ils font fi preffés qu'ils ont oublié d'y mettre le cachet.

SUZANNE, (*rentrant avec du taffetas.*) Le cachet! à qui? à quoi?

LA COMTESSE.

A fon brévêt.

SUZANNE,

Déjà!

LA COMTESSE.

C'eft ce que je difois.

SUZANNE. .

Et la fignature?

LA COMTESSE.

En allant chercher des hardes, prends le ruban d'un de mes bonnets. (*fuzanne fort.*)

SCENE V.

LA COMTESSE, CHERUBIN.

LA COMTESSE.

Comme ce ruban eft de la couleur qui m'agrée le plus, je vous avoue que j'étois fort en colère que vous l'euffiez pris.

CHERUBIN

Celui-là m'eût guéri plutôt.

LA COMTESSE.

Par quelle vertu?

CHERUBIN.

Quand un ruban a ferré la tête... touché la peau d'une perfonne...

LA COMTESSE.

Etrangere ? il a la vertu de guérir les bleſſures... J'ignorois cette propriété-là. J'en veux faire l'eſſai à la premiere bleſſure d'une de mes femmes.   (*On entend frapper à la porte.*)

CHERUBIN.

Et moi, je pars.

LA COMTESSE.

Non pas pour toujours. (*chérubin pleure.*) Allons, le voilà qui pleure à préſent. C'eſt ce Figaro avec ſon pronoſtic...

LE DOCTEUR.

Ah ! Madame, je voudrois toucher au terme qu'il m'a prédit.   (*On frappe encore.*)

MARCELLINE.

Qui frappe ainſi chez moi ?

LE COMTE, *en dehors.*

Ouvrez...

LA COMTESSE.

Ciel ! c'eſt mon Epoux : où vous cacher ?

LE COMTE, (*en dehors.*)

Mais, Madame, ouvrez donc.

LA COMTESSE.

C'eſt que je ſuis ſeule.

LE COMTE, (*en dehors.*)

Mais vous parliez avec quelqu'un.

LA COMTESSE.

Mais... avec vous apparemment. (*à chérubin*) cachez-vous vîte dans ce cabinet.

CHERUBIN

Après l'avanture de ce matin, il me tueroit s'il me trouvoit ici.

(*Il court dans le cabinet à droite; la comteſſe l'enferme & prend la clef. Elle va ouvrir au comte.*

SCENE VI.

LA COMTESSE, LE COMTE.
LE COMTE.

Vous n'êtes pas dans l'usage de vous enfermer, Madame.

LA COMTESSE.

Je chiffonois avec Suzanne. . . . elle est passée.
(Elle montre la chambre des femmes.)

LE COMTE.

Vous paroissez bien émûe, Madame.

LA COMTESSE.

Non, Monsieur, point du tout. . je vous assure. . nous parlions de vous . . . elle est passée, comme je vous disois. . .

LE COMTE.

Je suis ramené par l'inquiétude. Il faut avouer, Madame, que vous ou moi, sommes calomniés par des gens bien méchans. En montant à cheval, on m'a remis un billet, par lequel on m'apprend qu'un particulier que je crois déjà bien loin, doit vous entretenir ce soir.

LA COMTESSE.

Quelque soit cet audacieux, il faudroit qu'il pénétrât ici, car mon dessein est de ne pas quitter la chambre, de la journée.

(On entend tomber un meuble dans le cabinet où est chérubin.)

LE COMTE.

Madame, on vient de laisser tomber un meuble.

LA COMTESSE.

Je n'ai rien entendu, Monsieur.

LE COMTE.

Il faut que vous soyez furieusement préoccupée : mais il y a quelqu'un dans ce cabinet.

LA COMTESSE.

Qui voulez-vous, Monsieur, qu'il y ait?

LE COMTE.
Madame, c'eſt moi qui vous le demande ; j'arrive.

LA COMTESSE.
C'eſt Suzane apparemment qui range.

LE COMTE, (*montrant l'appartement des femmes.*)
Mais, Madame, vous m'avez dit qu'elle étoit paſſée là dedans.

LA COMTESSE.
Là, ou là, je ne ſais.

LE COMTE.
Hé bien, Madame, que je la voie.

LA COMTESSE.
Mais, Monſieur, elle eſt à moitié nûe : elle eſſaie les habits que je lui donne pour ſes nôces.
(*suzanne entre, & appercevant le comte, elle écoute un moment.*)

LE COMTE.
Vétûe ou non, je la verrai.

LA COMTESSE.
Par-tout ailleurs, je ne puis l'empêcher, mais chez moi....

LE COMTE.
Madame, vous direz tout ce que vous voudrez, mais je veux la voir.

LA COMTESSE.
Je crois en effet, Monſieur, que vous aimez beaucoup à la voir.

LE COMTE.
Hé bien, Madame, ſi elle ne peut pas ſortir, au moins peut-elle parler. [*Il s'approche du cabinet.*] Suzanne, êtes-vous dans ce cabinet ? Répondez, je vous l'ordonne.

LA COMTESSE.
Ne répondez pas Suzanne, je vous le défends. Mais non, on n'a jamais vû une pareille tirannie. En vérité Monſieur voilà bien les ſoupçons les

plus mal fondés.   (*Suzanne se coule derriere le
lit de la Comtesse, sans étre apperçue.*)

LE COMTE.

Ils en sont plus aisés à détruire. Vous demander la clef seroit, je le vois, chose inutile ; mais
il y a moyen de jetter en dedans cette légere
porte... Hola, quelqu'un.

LA COMTESSE.

Mais M. le Comte, sur un pareil soupçon,
vous allez vous rendre la fable du Château.

LE COMTE.

Vous avez raison, & je suffirai bien moi-même ;
je vais chercher un instrument.

LA COMTESSE.

Encore, si c'étoit l'amour qui vous inspirât
cette jalousie, je vous pardonnerois en faveur du
motif ; mais la seule vanité.

LE COMTE.

Amour ou vanité, Madame, je saurai qui est
dans ce cabinet ; mais afin que tout reste dans le
même état & que vous soyez pleinement justifiée, permettez que je ferme la porte de l'appartement qui conduit à vos femmes... Vous,
Madame, vous aurez la bonté de me suivre sans
murmurer & sans bruit ; (*il lui donne la main
& l'emmene*) & quant à la Suzanne du cabinet,
elle m'attendra ; pour le moins qui puisse lui
arriver...

LA COMTESSE.

Mais Monsieur, en vérité....

(*Elle est emmenée par le Comte.*)

SCENE VII.

SUZANNE, CHERUBIN.

SUZANNE, *elle fort de derriere le lit &*
court au cabinet.

CHérubin, ouvre vîte, c'eft Suzanne. [*chéru-*
bin fort.] Sauvez-vous, vous n'avez pas de tems
à perdre.

CHERUBIN.

Où me fauver ?

SUZANNE.

Je n'en fais rien, mais fauvez-vous toujours.

CHERUBIN, *court à la fenêtre & revient.*

Cette fenêtre n'eft pas bien haute...

SUZANNE, *effrayée.*

Il va fe tuer.

CHERUBIN.

Plutôt que d'expofer Madame la Comteffe, Suzon, je fauterois dans les abîmes. [*Il embraffe Su-*
zon, court à la fenêtre & faute dans le potager.]

SUZANNE.

Ah !... (*Elle tombe évanouie dans un fauteuil.*
Reprenant fes fens peu à peu, elle fe leve en voyant
chérubin courir dans le potager, & revient refpirant
à peine fur le bord de la fcene.) Il eft déjà bien
loin... Ce petit garnement eft auffi lefte que
joli... Si celui-là manque de femmes... (*elle*
court au cabinet.) A préfent Mr. le Comte, frap-
pez tant qu'il vous plaira, brifez la porte, au
diable qui vous répondra.

Elle s'enferme dans le cabinet.

SCENE VIII.

LE COMTE, LA COMTTESSE.

LE COMTE, (posant une hâche sur un fauteuil.)

MAdame, réfléchissez-y avant que de m'exposer à briser cette porte.

LA COMTESSE.

Hé Monsieur, de grace !

LE COMTE.

Je n'entends rien. (*Il se met en devoir de forcer la porte*)

LA COMTESSE. (*se jettant à genoux.*)

Hé bien, Mr. j'ouvrirai, je vous donnerai la clef.

LE COMTE.

Ce n'est donc pas Suzanne qui est dans ce cabinet.

LA COMTESSE.

Dumoins, n'est-ce personne qui puisse vous donner de l'ombrage.

LE COMTE.

Si c'est un homme, je le tuerai. Indigne épouse, vous voulez garder la chambre : vous la garderez long-tems, je vous assure.... Voilà donc le billet expliqué & mes soupçons éclaircis.

LA COMTESSE.

Daignez m'écouter un moment.

LE COMTE.

Qui donc est dans ce cabinet ?

LA COMTESSE.

Votre Page.

LE COMTE.

Chérubin ? Ce petit scélérat.....qu'il ne paroisse pas à mes yeux : je ne m'étonne plus si vous étiez si émûe tantôt.

LA COMTESSE.

Nous diſpoſions une plaiſanterie bien innocente en vérité. (*le comte lui enléve la clef & va au cabinet; la comteſſe ſe jette à ſes pieds:*) De grace, Mr. épargnez cet enfant, que le déſordre où vous allez le trouver....

LE COMTE.

Comment, Madame, que voulez-vous dire ! quel déſordre ?

LA COMTESSE.

Oui, Monſieur : prêt à changer d'habit tout dé-colleté, les brads nuds...

LE COMTE.

(*Il court au cabinet. La Comteſſe ſe laiſſe aller dans un fauteuil en tournant la téte.*)

Sortez, ſortez donc, petit malheureux.

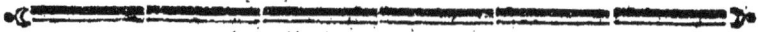

SCENE IX.

LE COMTE, LA COMTESSE, SUZANNE.

LE COMTE, (*voyant Suzanne.*)

AH! c'eſt Suzanne ! (*à part.*) Ah! qu'elle eſt belle !

SUZANNE,

Je le tuerai ; je le tuerai ; eh bien, tuez donc ce petit Page.

LE COMTE.

(*à la Comteſſe, qui voyant Suzanne, marque la plus grande ſurpriſe.*)

Et vous auſſi, Madame, vous jouez l'étonnement ?

LA COMTESSE.

Et pourquoi non, Monſieur ?

LE COMTE.

Mais peut-être n'eſt-elle pas ſeule dans le cabinet. Voyons.... (*Il entre dans le cabinet.*)

SUZANNE, *courant à la Comtesse.*

Madame, il est bien, il a sauté par la fenêtre aussi léger que le vent.

LA COMTESSE.

Ah ! Suzanne, je suis morte.

LE COMTE, *revenant.*

(*A part.*) Il n'y a personne, & pour le coup j'ai tort. (*à la comtesse.*) Madame, vous jouez fort bien la Comédie.

SUZANNE.

Et moi donc, Monseigneur.

LE COMTE.

Et vous, aussi Mademoiselle.

LA COMTESSE.

N'aimez-vous pas mieux l'avoir trouvée, que Chérubin ? En général, vous aimez assez à la rencontrer.

SUZANNE.

Madame n'avoit qu'à vous laisser briser la porte, appeller vos gens...

LE COMTE.

Oui, tu as raison, c'est à moi de m'humilier ; mais pourquoi ne répondois tu pas cruelle fille, lorsque je t'appellois.

SUZANNE.

Je m'habillois de mon mieux, à grand renfort d'épingles, & Madame qui me l'avoit défendu, avoit bien ses raisons.

LE COMTE.

Au lieu de chercher à aggraver mes torts, aide-moi plutôt à obtenir mon pardon.

LA COMTESSE.

Suis-je donc unie à vous pour être éternellement dévouée à la jalousie & à l'abandon que

vous feul favez cocilier... Je vais me retirer
aux Urfulines , &..:

LE COMTE.

Mais Rofine....

LA COMTESSE.

Je ne là fuis plus cette Rofine que vous avez tant
aimée: je fuis la pauvre Comteffe Alma-viva, époufe
délaiffée du plus jaloux époux.

LE COMTE.

Mais en vérité, cet homme, cette lettre m'a-
voient tourné le fang.

LA COMTESSE.

Je n'avois pas confenti.

LE COMTE.

Quoi ! Madame, vous faviez?...

LA COMTESSE.

C'eft cet étourdi de Figaro, qui fans ma parti-
cipation ...

LE COMTE.

Il en étoit ... Et Bafile, qui m'a dit la tenir d'un
pay fan ... Perfide chanteur, c'eft toi qui paieras
pour tout le monde.

LA COMTESSE.

Vous demandez pour vous un pardon ; vous ne
pardonnez point aux autres. Si je l'accordois, ce ne
feroit qu'à condition que l'amniftie feroit générale.

LE COMTE.

Eh bien ! Madame, à la bonne-heure : j'y confens. Mais je fuis encore à concevoir comment votre fexe fait prendre fi vîte & fi jufte, l'air & le
ton des circonftances. Vous étiez fi troublée....
En vérité, Madame, vous l'êtes encore.

LA COMTESSE.

Les hommes font-ils affez délicats pour diftinguer
l'indignation

l'indignation d'une ame honnéte injuftement foup-
çonnee, de la confufion du crime ?

LE COMTE.

Nous autres hommes, nous croyons valoir quelque chofe en politique, & nous ne fommes que
des enfahs. C'eft vous, c'eft vous, Madame, que
le Roi devroit nommer Ambaffadrice à Londres..
Oubliez, Madame, oubliez cette avanture... elle.
eft fi humiliante pour moi !...

LA COMTESSE.

Elle l'eft pour nous deux, Monfieur.

LE COMTE.

Daignez donc répéter que vous me pardonnez.

LA COMTESSE.

Eft-ce que je l'ai dit Suzon ?

SUZANNE.

Je ne m'en fouviens pas.

LE COMTE.

Hé bien, que le mot vous échappe.

LA COMTESSE.

Le méritez-vous ingrat ?

LE COMTE.

Oui, Madame, en vérité par mon repentir.

LA COMTESSE.

(*lui donnant la main.*)

Que je fuis foible ! Quel exemple je te donne,
Suzon ? On ne croira plus à la colère des femmes.

SUZANNE.

Laiffez-nous prifonnieres fur parole, & vous
verrez fi nous fommes gens d'honneur.

SCENE X.

LE COMTE, LA COMTESSE, FIGARO, SUZANNE.

FIGARO.

ON m'a dit que Madame étoit incommodée.

LE COMTE.

Quelle attention !

FIGARO.

C'eſt mon devoir … ô çà, Madame, pour quelle heure ordonnez-vous la fête ?

LE COMTE.

Et qui ſurveillera la Comteſſe au château ?

FIGARO.

Elle n'eſt pas malade.

LE COMTE.

Mais l'homme du billet qui doit venir.

FIGARO.

Quel homme ? Quel billet ?

SUZANNE.

Tu épuiſes envain ton imagination : il n'eſt pas tems diffimuler.. ,

FIGARO.

Il n'eſt pas tems … de diffimuler?

SUZANNE.

Non , nous avons tout dit.

FIGARO.

Vous avez tout dit ? quoi ? à çà, on me traite ici comme un Baſile.

LA COMTESSE.

Figaro, le badinage … eſt … conſommé.

LE COMTE.

Eh oui , oui, conſommé. Eh bien , qu'en dis-tu ?

FIGARO.

Je dis, je dis que je voudrois bien qu'on en pût dire autant de mon mariage.

LE COMTE.

Quand on ne me l'auroit pas dit, ta physionomie me diroit que tu mens.

FIGARO.

En ce cas, Monseigneur, ce n'est pas moi qui ments, c'est ma physionomie.

LE COMTE.

Eh bien, l'avoueras-tu enfin?

FIGARO.

Puisque Madame le veut, que Suzanne le veut, que vous le voulez, il faut bien que je le veuille : mais en vérité, Monseigneur, si j'étois à votre place, je ne croirois pas un mot de ce que nous vous disons.

LE COMTE.

Toujours mentir contre l'évidence, à la fin cela mérite…

FIGARO, *bas à Suzanne.*

Je t'avertis de ton danger ; c'est tout ce qu'un honnête-homme peut faire.

SUZANNE, *bas à Figaro.*

As-tu vû Chérubin ?

FIGARO.

Encore tout froissé.

SUZANNE, *haut.*

Ah ! Pécaire !…

LE COMTE.

Allons, Comtesse, sortons.

SCENE XI.

LE COMTE, LA COMTESSE, SUZANNE, FIGARO, ANTONIO.

ANTONIO, *portant un pot de giroflées, dont les fleurs sont écrasées.*

ÇA, Monseigneur, faites donc griller les fenê-

tres qui donnent fur mes couches; on y jette toutes
fortes de chofes : encore tout-à-l'heure il vient d'y
tomber un homme.

LE COMTE.

Un homme ! Et quel eft-il ?

ANTONIO.

C'eft ce que je dis : il faut me le trouver d'abord.

SUZANNE, *bas à Figaro.*

Alerte, Figaro, alerte.

ANTONIO.

Je fuis votre domeftique ; c'eft moi qui fuis char-
gé du foin de votre jardin ; il y tombe un homme ;
vous fentez bien que ma réputation en eft effleurée :
voyez comme mes giroflées font arragées.

FIGARO.

Monfeigneur, il eft gris dès le matin.

ANTONIO.

Vous vous trompez ; c'eft un petit refte d'hier
au foir. Voyez comme on fait des jugements... té-
nébreux !

FIGARO.

Tu boiras donc toujours ?

ANTONIO.

Si je ne bûvois pas, je deviendrois enragé.

LE COMTE.

Me répondras-tu, ou je te chaffe.

ANTONIO.

Eft-ce que je m'en irois donc ? Si vous n'avez pas
affez de çà (*il montre fa tête.*) pour garder un bon
Domeftique, je ne fuis pas affez bête moi, pour
renvoyer un fi bon maître.

LE COMTE.

Mais le reconnoîtrois-tu cet homme ?

ANTONIO.

Ou... fi je l'avois vû pourtant.

SUZANNE, *bas à Figaro.*

Il ne l'a pas vû.

FIGARO.

Bon!

LE COMTE.

Eh bien après?

ANTONIO.

J'ai bien voulu courir après, mais je me fuis baillé contre la grille une fi furieufe gourde à la main, que je n'en puis plus remuer ni pied ni patte de ce doigt-là.

FIGARO.

Eh bien! combien te faut-il, pleureur, avec tes giroflées? Mgr., il ne faut pas chercher plus loin, c'eft moi qui fuis fauté.

LE COMTE,

Comment, c'eft vous?

FIGARO.

Oui, Mgr, j'étois dans l'appartement des femmes en vefte blanche; il fait chaud, j'attendois ma Su-zanne, lorfque je vous ai entendu : la peur m'a pris au fujet du billet de tantôt, & je fuis fauté fur les couches où je me fuis même un peu foulé le pied droit. (*Il y porte la main.*)

ANTONIO.

Combien faut-il, pleureur ? Vous êtes donc bien grandi depuis ce tems-là, car vous étiez bien plus moindre & plus fluet,

FIGARO.

C'eft qu'en tombant on fe pelotonne.

ANTONIO.

M'eft avis que ce feroit plutôt ce gringalet de Page

LE COMTE.

Cherubin!...

FIGARO.

Oui, il eft revenu tout exprès de Séville, où il eft peut-être avec fon cheval.

ANTONIO.

Non, non, je ne dis pas cela; je n'ai pas vû fau-ter le cheval, moi.

FIGARO.

L'imbécille !

ANTONIO.

Puisque c'eſt vous qui êtes ſauté, il eſt juſte que je vous donne un brimborion de papier qui eſt tombé de votre poche.

LE COMTE, *prenant le papier.*

Un papier ; voyons... (*à Figaro.*) Puiſque ce papier vous appartient, nous ſerez-vous la grâce de dire ce que c'eſt ; la peur ne vous l'auroit pas fait oublier peut-être.

FIGARO.

Non certainement ; mais j'en ai tant ; il faut répondre à tout. (*il tire pluſieurs papiers de ſes poches.*) Ceci eſt la lettre de Marceiline, en quatre pages, elle eſt belle ; ceci eſt l'état des meubles du petit château... Ne ſeroit-ce pas la requête de ce pauvre braconnier en priſon... Ah ! non, la voilà. (*il déploye pluſieurs autres papiers.*)

LE COMTE.

Eh bien, l'homme aux expédiens, vous ne devinez pas ?

ANTONIO, *s'approche de l'oreille de Figaro & lui crie de toute ſa force*

Monſeigneur dit ſi vous ne devinez pas...

FIGARO, *le repouſſe.*

Fi donc, le vilain ! qui vient parler dans le nez.

Pendant ce tems, le Comte ouvre le papier, & la Comteſſe ſans être vue du Comte, s'apperçoit que c'eſt le Brevêt du petit Page.

LA COMTESSE, *bas à Suzanne.*

C'eſt le Brevêt...

SUZANNE, *bas à Figaro.*

C'eſt le Brevêt du petit Page.

FIGARO, *feignant de ſe remettre.*

Ah ! ce pauvre petit ! que je ſuis fâché ! qu'eſt-

'e qu'il va faire? C'eſt le Brevêt de ce pauvre Chérubin que je lui avois donné, & qu'il m'a remis, & que j'ai oublié de lui rendre. Allons, vîte il faut partir...

LE COMTE.

Mais pourquoi vous l'avoit-il remis?

FIGARO.

C'eſt qu'il y manque quelque choſe.

LA COMTESSE, *bas à Suzanne.*

Le cachet manque.

SUZANNE, *bas à Figaro.*

Le cachet manque.

FIGARO.

C'eſt qu'à la vérité il y manque quelque choſe.

LE COMTE.

Mais quoi, encore?

FIGARO.

Peut-être n'eſt-ce pas néceſſaire, mois il dit que c'eſt l'uſage.

LE COMTE.

L'uſage, l'uſage de quoi?

FIGARO.

D'appoſer le ſceau de ſes armes.

LE COMTE, *avec dépit.*

Allons, il eſt écrit que je ne ſaurai rien. (*à part.*) C'eſt Figaro qui les méne, & je ne m'en vengerai pas! (*il va pour ſortir avec la comteſſe.*)

SCÉNE XII.

Les Acteurs précédents, BASILE, LE DOCTEUR, MARCELLINE, GRIPPE-SOLEIL, Payſans & Payſannes.

FIGARO.

MOnſeigneur, vous ſortez ſans ordonner mon mariage.

MARCELLINE.

Suſpendez , Monſeigneur , ou plutôt ne l'ordonnez jamais.

LE COMTE. *(à part)*

Ah ! voilà ma vengeance arrivée enfin. *(haut)*
Eh bien ! Marcelline, de quoi s'agit-il ?

MARCELLINE.

Je viens vous demander juſtice.

LE COMTE.

Tantôt je vous la rendrai. On ſuſpendra tout juſqu'aux annonces de vos titres , & ce ſera dans la
grande ſalle d'audience.

BASILE.

En ce cas , Mgr., permettez auſſi que je faſſe
valoir mes droits ſur Marcelline.

FIGARO.

Autre fou de la même eſpéce.

LE COMTE.

Vos droits ! vos droits ! Il vous ſied bien de parler , maître ſot.

ANTONIO.

Il ne l'a ma foi pas manqué du premier coup :
c'eſt ſon nom.

LE COMTE.

Honnête Baſile, Agent fidelle & ſûr , allez, allez-
vous-en au Bourg chercher les Gens du ſiége.

BASILE.

Pour ſon affaire ?

LE COMTE.

Oui... Vous m'amenerez l'homme du billet de
tantôt.

BASILE.

Eſt-ce que je le connois ?

LE COMTE.

Vous réſiſtez ?

BASILE'

Je ne ſuis pas entré au Châtau pour faire des

commiſſions : homme à talens ſur l'orgue du village, mon emploi eſt d'enſeigner le clavecin à Madame, à chanter à ſes femmes, la mandoline aux Pages, & ſur-tout d'amuſer la compagnie de Mgr, quand il lui plaît de me l'ordonner.

LE COMTE.

Ah! ma compagnie.

GRIPPE-SOLEIL.

J'irai, mon bon Seigneur, ſi vous voulez

LE COMTE.

Qui es-tu?

GRIPPE-SOLEIL.

Je ſuis Grippe-Soleil, Monſeigneur, le petit paſtouriau des chevres ; il eſt fête aujourd'hui au village, & j'ai été mandé pour le feu d'artifice, & comme je ſais où toute l'enragée boutique à procès du pays...

LE COMTE.

Ton zéle me plaît, vas-y. [*à Baſile.*] Et vous amuſerez Mr. pendant le chemin, en chantant & en pinçant de votre Guitare ; il eſt de ma compagnie.

GRIPPE-SOLEIL, *faiſant des gambades.*

Ah! ah! je ſuis de la compagnie de Mgr.

BASILE.

Moi, amuſer Grippe-Soleil...

LE COMTE.

Allez, ou je vous chaſſe.

BASILE.

Allons, je n'irai pas lutter contre un pot de fer, moi qui ne ſuis...

FIGARO.

Qu'une cruche.   [*Le Comte ſort.*]

BASILE, *va prendre ſa Guitare & dit à Figaro,*

Si j'ai un conſeil à te donner, ne conclus rien avant mon retour.

FIGARO.

Vas vas, ne crains rien, quand tu ne revien-

drois jamais, tu ne m'as pas l'air en train de chanter aujourd hui, mon ami ; veux-tu que je com-
mence ? C'est pour ma fiancée. (*Il chante.*)

    J'aime la richeſſe ,
      La ſageſſe
    De ma Suſon.   (*bis.*)
    Plon Plon Plon
    Plon Plon Plon.   (*bis.*)

*Figaro chante en marchant à reculons. Baſile ſuit
avec ſa Guitare. Grippe-ſoleil fait des gambades &
tout le monde ſort, excepté Suzanne & la Comteſſe.*

S C E N E X I I I.

LA COMTESSE SUZANNE.
LA COMTESSE.

JE viens de faire là une ſotte figure, n'eſt-ce pas
Suzanne ?

SUZANNE.

Au contraire, Madame, c'eſt là que j'ai vû combien
l'uſage du grand monde donne de facilités à une femme comme il faut, pour mentir ſans qu'il y paroiſſe.

LA COMTESSE.

Après ce qui vient de ſe paſſer, tu t'imagines
bien que je n'ai pas envie d'envoyer Chérubin à ta
place au rendez-vous ?

SUZANNE.

Je n'ai pourtant pas envie d'y aller non plus.

LA COMTESSE.

Il me vient une idée : ſi j'y allois à ta place.

SUZANNE.

Mais, Madame, ne penſez-vous pas que Mr. le
Comte allermé par le billet de ce matin, pourroit
imaginer en vous trouvant....

LA COMTESSE.

Vas, vas, j'ai en vue... le bonheur d'un premier
hafard m'engage à en tenter un fecond; fur-tout
n'en parles à perfonne.

SUZANNE.

Ah! Et Figaro?

LA COMTESSE,

Non, il voudroit y mettre du fien. Allons, vas
me chercher ma canne & mon mafque: je veux
aller faire un tour fur la terraffe pour y rêver.

SCENE XIV.

LA COMTESSE, *feule.*

IL eft effronté mon petit projet. (*appercevant fon
ruban fur le fauteuil.*) Ah! mon cher ruban, va,
tu ne me quitteras plus: tu me rappéleras la fcéne où
ce malheureux enfant.... Ah! Mr. le Comte,
qu'avez vous fait? (*elle met le ruban dans fon fein:*)

SCENE XV.

SUZANNE, LA COMTESSE.

SUZANNE, (*apportant la canne &
le mafque.*)

IL eft charmant, Madame, votre projet; je viens
d'y réflechir. Il rapproche tout; il concilie tout:
mais avec tout cela mon mariage eft encore à faire.
(*elles fortent.*)

Fin du fecond Acte.

ACTE III.

Le Théâtre repréfente une salle d'audience ; le fauteuil du Comte eft au milieu, fur une eftrade ; les fauteuils à côté, font pour les Confeillers ; deux bancs après fur les côtes, pour les Avocats : au bas de l'eftrade eft le tabouret du Greffier & fa table.

SCENE PREMIERE.

LE COMTE, PEDRILIE, *en bottes fortes & le fouet à la main.*

LE COMTE, *donnant a Pédrille le Brevét.*

PEdrille, vole tout d'une haleine à séville.

PEDRILLE.

Il n'y a que trois lieues, mais elles font bonnes.

LE COMTE.

Informe-toi fi le Page eft arrivé.

PÉDRILLE.

A l'Hôtel de Monfeigneur.

LE COMTE.

Oui, & remets lui ce paquet.

PEDRILLE,

Et s'il n'eft pas arrivé.

LE COMTE.

Reviens au plus vîte m'en inftruire.

PEDRILLE.

Je pars.

S C E N E II.

LE COMTE, *feul.*

J'Ai fait une gaucherie d'éloigner Bafile, il m'eût été utile. Je ne connois rien à l'avanture de tantôt ; la Comteffe effrayée à mon arrivée ; la Camérifte enfermée, un homme qui faute par la fenêtre ; Figaro qui prétend que c'eft lui... Ma foi, le fil m'en échappe... Que mes gens fe permettent entr'eux quelques privautés... Qu'importe à gens de cette étoffe... Mais la Comteffe !... Ah ! elle fe refpecte, & mon honneur... Où diable l'a-t-on été placer ?... Figaro ne revient pas ; tâchons de démêler adroitement la vérité, dans la converfation que je vais avoir avec lui.

S C E N E III.

LE COMTE, FIGARO.

LE COMTE, *fe croyant feul.*

TAchons auffi de découvrir s'il fait mes deffeins...

FIGARO, *à part.*

Les amours de Monfieur Bafile.

LE COMTE.

Sur Suzanne ; & fi elle a jafé... Je lui fais époufer la vieille. Mais que ferons-nous de la jeune ?

FIGARO, *à part.*

De ma femme, s'il vous plaît ?

LE COMTE.

Qui eft-là ? (*voyant Figaro.*) Que faites-vous là, Monfieur ?

FIGARO.

Monfeigneur, je venois me rendre à vos ordres.

LE COMTE,

Que difiez-vous là ?

FIGARO.

Rien Monfeigneur.

LE COMTE.

Mais pour quoi ces paroles ; ma femme s'il vous plaît ?

FIGARO.

Oh ! rien, c'eft la fin d'une réponfe que je fai-fois ; allez dire à ma femme s'il vous plaît.

LE COMTE.

Vous vous êtes bien fait attendre.

FIGARO.

C'eft que je m'étois fali en tombant fur les couches, & je me changeois...

LE COMTE,

Les domeftiques ici font plus longs à s'habiller que les maîtres

FIGARO.

Ah ! c'eft qu'ils n'ont pas de maîtres pour les aider.

LE COMTE.

Vous avez été bien hardi tantôt de fauter par cette fenêtre.

FIGARO.

Ne fembleroit-il pas à vous entendre, que je me fuis engoûffré tout vif.

LE COMTE.

N'éffayez donc pas à me donner le change, en feignant ainfi de le prendre vous-même. D'un Valet vous entendez bien que ce n'eft pas le danger qui m'inquiette, mais le motif.

FIGARO.

J'étois dans l'appartement des femmes, lorfque vous ttes entré, fur un foupçon vous faifiez un vocarme terrible, renverfant tout, comme le torrent de la Moréna ; il vous falloit un homme ; il vous le falloit, fans quoi vous alliez brifer les

cloifons , enfoncer les portes : la peur ma pris au
fujet du Billet de tantôt ... Que fais-je , moi ce
qui me feroit arrivé , fi vous m'euffiez rencon-
tré dans votre appartement ?

LE COMTE.

Hé bien, vous pouviez defcendre par l'efcalier.

FIGARO.

Oui & vous me prendre au corridor.

LE COMTE, *avec humeur.*

Au corridor ! (*à part.*) Mais je m'écarte.

FIGARO, *à part,*

Il veut me fonder, voyons-le venir , & jouons
férré.

LE COMTE.

Je devois t'emmener à Londres.

FIGARO.

Monfeigneur a changé d'idée ?

LE COMTE.

Plufieurs raifons m'y ont déterminé. Premiere-
ment tu ne fais pas l'Anglais.

FIGARO.

Je fais *goddem.*

LE COMTE.

Qu'eft-ce que tu dis ?

FIGARO.

Je fais *Goddem.* C'eft une belle langue que l'Anglois ; il en faut peu pour aller loin. Avec *Goddem*
en Angleterre, on a tout ce que l'on veut. Voulez-
vous tâter d'un bon poulet gras , entrez dans une
taverne, faites feulemen ceci (*le figne de tourner la
broche*) & dites *Goddem*, on vous fert un pied de
bœuf fâlé fans pain. Voulez-vous goûter d'une bonne bouteille de vin de Bourgogne ou de clairet,
(*il fait le figne de quelqu'un qui débouche une
bouteille*) faites ceci & dites *Goddem* , on vous fert
une bouteille de bierre en bon état, la mouffe au
bord, c'eft charmant ... Voyez-vous à la prome-

nade une de ces belles qui vont les yeux baiffés, trottant menu, les coudes en arriére, tortillaut des hanches ; mettez mignardement les doigs unis fur la bouche, & dites *Goddem* ; elles vous flanqueront un bon fouflet de crocheteur, preuve qu'elles entendent, Monfeigneur..... On fait bien que les Anglois mettent encore dans le discours quelques mots par-ci, par-là ; mais il n'eft pas difficile de voir que *Goddem* eft le fond de la langue.

LE COMTE, *à part.*

Bon ! il a envie de venir à Londres, Suzanne n'a pas jafé.

FIGARO, *à part.*

Actuellement, travaillons-le un peu dans fon genre.

LE COMTE, *appelle Figaro du doigt.*

Figaro, approche. (*il lui paffe le bras autour du cou, & lui parle familiérement.*) Figaro, dis-moi donc quel motif avoit la Comteffe pour me traiter comme elle a fait tantôt.

FIGARO.

Monfeigneur, vous le favez mieux que moi.

LE COMTE.

Qu'a-t-elle à me reprocher ? Je vais au-devant de tout ce qui peut lui faire plaifir : je la comble de préfens.

FIGARO.

Oui, mais vous êtes un infidéle ; & peut-on favoir gré du fuperflu à qui nous prive du néceffaire.

LE COMTE.

Autrefois, Figaro, tu me difois tout.

FIGARO.

Et maintenant, Monfeigneur, je ne vous cache rien.

LE COMTE.

Combien la Comteffe te donne-t-elle pour cette belle occafion ?

FIGARO,

FIGARO.

Combien me donnâtes-vous pour la tirer des mains du Docteur? Tenez, Mgr. n'avilissons pas l'homme qui nous sert bien, de peur d'en faire un mauvais valet.

LE COMTE,

Mais pourquoi y a-t-il du louche dans tout ce que tu dis, dans tout ce que tu fais?

FIGARO.

C'est qu'on trouve toujours des torts quand on en cherche.

LE COMTE.

Je t'ai vu vingt fois courir à la fortune.

FIGARO.

C'en est fait, Monseigneur, j'y ai renoncé.

LE COMTE.

Ah! par exemple voilà du nouveau.

FIGARO.

Que voulez-vous, Mgr, la foule est là, chacun y court; on se coudoie; le grand nombre est écrasé pour y arriver, & sauve qui peut.

LE COMTE.

Tu te fais la plus affreuse réputation.

FIGARO.

Et si je vaux mieux qu'elle, y a-t-il beaucoup de Seigneurs qui en puissent dire autant?

LE COMTE.

Ainsi tu n'as pas envie de venir à Londres?

FIGARO, (à part.)

A mon tour à présent. (*haut.*) Monseigneur m'a donné la conciergerie du petit Château; c'est un fort joli poste! Il est bien vrai que je ne suis pas le courier attendu des nouvelles intéressantes; mais aussi je vivrai tranquille avec ma femme dans le fond de l'Andalousie.

LE COMTE.

Qui t'empêche de l'emmener avec toi à Londres?

E

FIGARO.

Je ferois obligé de la quitter fi fouvent, que j'aurois bientôt du mariage par-deffus de la tête.

LE COMTE, *à part.*

Je crains bien que Suzanne n'ait jafé. (*haut.*) Avec tes talens & ton efprit, tu pourrois t'avancer dans les bureaux.

FIGARO.

De l'efprit pour s'avancer ! Monfeigneur fe rit du mien. Médiocre & rampant, c'eft le moyen d'arriver à tout.

LE COMTE.

D'ailleurs, tu aurois pu apprendre fous moi la Politique.

FIGARO.

Je la fais.

LE COMTE.

Oui, comme l'Anglois, le fonds de la langue.

FIGARO.

Oui, s'il y avoit de quoi fe vanter. Mais avoir l'air de favoir ce qu'on ne fait pas ; feindre d'ignorer ce qu'on fait ; paroître entendre ce qu'on ne comprend pas ; ne pas ouir ce qu'on entend ; fur-tout pouvoir au-delà de fes forces ; avoir pour grand fecrêt de cacher qu'il n'y en ait aucun ; s'enfermer pour tailler des plumes, quoiqu'on ne foit qu'un rêvecreux ; bien ou mal répandre des efpions ; penfionner des traîtres, amollir des câchets, intercepter des lettres, cacher la petiteffe des moyens par l'importance de l'objet: voilà toute la politique.

LE COMTE.

Mais c'eft l'intrigue que tu définis-là.

FIGARO.

L'intrigue ou la Politique, comme je les crois coufines-germaines... Au refte j'aime mieux mamie au gué, j'aime mieux ma mie, comme dit la chanfon du bon Roi,

LE COMTE, (*à part.*)

Suzanne a trahi mon secret, je lui fais épouser la vieille.

FIGARO.

Je l'enfile & le paie de sa monnoie: il a voulu jouer au fin avec moi: qu' a-t-il appris?

LE COMTE.

Ainsi tu crois gagner ton procés?

FIGARO.

Puisque Monseigneur ne se fait pas un scrupule de nous souffler toutes les jeunes, pourquoi me feroit-il un crime de refuser une vieille?

LE COMTE.

Au tribunal, le Magistrat s'oublie, il ne connoît que l'Ordonnance.

FIGARO.

Tempo e galant homo, dit l'Italien. Oui, indulgent aux Grands, dur aux petits.

LE COMTE.

Crois-tu donc que je plaisante?

FIGARO.

Est-ce là tout ce que Monseigneur vouloit?

LE COMTE.

Vois s'il ne manque rien dans cette Salle pour l'audience.

FIGARO.

Tout est prêt, le grand fauteuil pour vous, Mgr. les chaises pour les Prud-hommes, le tabouret pour le Greffier, les deux bancs pour les Avocats, le parquet pour les honnêtes-gens, & la canaille derriere.

SCENE IV.

LE COMTE, *seul.*

LE drôle sait toujours prendre ses avantages; il vous entortille... Ah! fripon? friponne, vous vous entendez pour me tromper; mais foyez méchans, foyez réunis, foyez tout ce qu'il vous plaîra, mais parbleu pour époux...

SCENE V.

LE COMTE, SUZANNE.

SUZANNE.

MOnfeigneur, Madame a fes vapeurs, je viens vous demander votre flacon d'éther; je vais vous le rapporter dans un moment.

LE COMTE, *d'un air très-froid.*
Mademoifelle.

SUZANNE.

Monfeigneur eft en colere.

LE COMTE, *lui donnant le flacon.*

Tenez, Mademoifelle, gardez-le pour vous-même, vous en aurez bientôt befoin.

SUZANNE.

Moi, Monfeigneur! eft-ce que les femmes de mon état ont des vapeurs? c'eft un mal de con-dition qui ne fe gagne que dans les boudoirs.

LE COMTE.

Une fiancée qui perd fon fiancé & qui le voit dans les bras d'un autre...

SUZANNE.

En payant Marcelline avec la dot que vous m'avez promife...

LE COMTE.

Je vous ai promis une dot, moi?

SUZANNE.

J'avois cru l'entendre.

LE COMTE.

Oui, fi vous vouliez m'entendre à votre tour.

SUZANNE.

Est-ce que mon devoir n'est pas d'écouter Mgr ?

LE COMTE.

Cruelle fille ! que ne me le disois-tu donc ce matin?

SUZANNE,

Et le Page, qui étoit derriere le fauteuil?

LE COMTE.

Elle a raison. Mais pourquoi étois-tu si rébelle, lorsque Basile parloit pour moi.

SUZANNE.

Quelle nécessité qu'un Basile ?

LE COMTE, *à part.*

Elle a raison, toujours raison : avec un petit grain de caprice, j'en raffolerais. (*haut.*) mais tu te rendras ce soir dans le jardin ?

SUZANNE.

Monseigneur, est-ce que je ne m'y proméne pas tous les soirs.

LE COMTE.

Entendons-nous Suzanne, point de rendez-vous ; point de dot, point de mariage.

SUZANNE.

Mais aussi point de mariage, point de droit du Seigneur.

LE COMTE.

Charmante fille ! Mais où prend-elle donc tout ce qu'elle dit ? Va donc Suzanne, tu oublies que Madame t'attend.

SUZANNE.

Et Mgr. pouvois-je vous parler sans prétexte ?

LE COMTE.

Charmante fille ! si je l'avois eue sans débat, elle auroit été mille fois moins piquante.

(*Il sort du côté opposé à celui par où entre Figaro.*)

SCENE VI.

SUZANNE, FIGARO.

FIGARO.

QU'est-ce que tu fais-là, mignone ?
SUZANNE.

A-présent, Figaro, plaide tant que tu voudras,
je viens de gagner ton procès... Viens, viens, je
vais te conter tout cela. (*ils sortent.*)

SCENE VII.

LE COMTE, seul, (*qui a entendu.*)

PLaide tant que tu voudras, je viens de gagner
ton procès... Ah ! je donnois dans un bon piège !
Ah ! mes chers insolens, je saurai m'en venger.
Un bon Arrêt, là bien juste... mas s'il alloit payer !
Bon, payer ! avec quoi ? D'ailleurs, n'ai-je pas le
fier Antonio, dont le noble orgueil dédaigne un
Figaro, un inconnu pour s'allier ? Dans les vastes
champs de l'intrigue, il faut tout cultiver jusqu'à
la vanité d'un sot.

SCENE VIII.

BRID-OISON, LE DOCTEUR, MARCELLINE.

MOnseigneur, je viens vous conter mon affaire.
BRID-OISON.

Eh bien, j'a-a- allons en ja-a-a-ser verba-a-le-
ment.

LE DOCTEUR.

Il s'agit d'un prêt d'argent.

BRID-OISON.

J'en-entends, vous-ous avez la fomme?

MARCELLINE.

Non, Mr., c'eft lui qui me la doit.

BRID-OISON.

J'en-en-tends bien, vous vou-ou-lez qu'il vous-ous paie?...

MARCELLINE.

Non, Monfieur.

BRID-OISON.

Mais j'en-entends fort bien; i-il ne veut pas-as vous-ous payer.

MARCELLINE.

Et non, Monfieur, c'eft lui qui ne veut pas m'é-poufer.

BRID-OISON.

Et-e-eft-ce que vous-ous croyez que je n'en-en-tends pas donc?

MARCELLINE, (*bas au Docteur.*)

Où fommes-nous? (*haut*) Eft-ce que c'eft vous qui nous jugerez?

BRID-OISON.

E-eft-ce que j'ai a-a-acheté ma-a charge pour au-autre cho-ofe?

MARCELLINE.

C'eft un grand abus que de vendre les charges.

BRID-OISON.

Oui, on-on feroit bi-i-en mieux de nous-ous les donner, n'e eft-ce pas? Et con-ontre qui plaidez-vous-ous donc?

SCENE IX.

Les Acteurs précédents, F I G A R O,

M A R C E L L I N E, *le voyant entrer.*

COntre ce mal-honnête homme-là
B R I D - O I S O N.
Mais j'ai vu ce-e ga-arçon-la quelque part.
F I G A R O.
A Séville, Monsieur, chez Madame votre mere
pour la servir.
B R I D - O I S O N.
Da-ans quel tems.
F I G A R O.
Un peu moins d'un an avant la naissance de
votre fils cadet, qui est un fort joli garçon, je
m'en vente.
B R I D - O I S O N.
Oui, c'est le plus jo-oli de tous. O-on dit
que-e tu-u as fait des tiennes ici.
F I G A R O.
Ah! Monsieur, une misere.
B R I D - O I S O N.
Ah! u-une miséré. U-une promesse de ma-a-
riage. O-as-tu vu le Greffier un bon ga-arçon,
mon Secrétaire.
F I G A R O.
Double-main?
B R I D - O I S O N.
Oui, c'e-est qu'il ma-ange à deux ra-ateliers.
F I G A R O.
Il mange! je vous garantis qu'il dévore.
B R I D - O I S O N.
Eh bien, l'a-as-tu vu.
F I G A R O.
Je t'ai vu pour l'extrait, le suplément de l'ex-
trait, que fais-je, moi.

BRID-OISON.

Oui, tu-u as rempli la fo-orme.

FIGARO.

Si le fonds du procès appartient aux plaideurs, on fait bien que la forme eft le patrimoine des tribunaux.

BRID-OISON.

Ce ga-arçon-là n'eft pas auffi be-ête que-e je-e l'a-avois cru d'a-abord. Si-i bien donc que-e tu crois ga-agner ton procès.

FIGARO.

Oui, avec mon bon droit, & votre équité, quoique vous foyez de notre Juftice.

BRID-OISON.

Oui, je fuis de la-a Juftice. Mais fi-i tu dois & que-e tu-u ne paies pas...

FIGARO.

Monfieur voit bien que c'eft comme fi je ne devois pas.

SCENE X.

Les Acteurs précédens. Le COMTE, l'HUISSIER, Audiencier, trois Confeillers, DOUBLE-MAIN.

L'HUISSIER.

Voilà Monfeigneur.

(*Brid-Oifon & les autres vont au-devant du Comte.*)

LE COMTE.

En robbe, Brid-oifon ! c'eft une affaire domeftique : les habits de Ville auroient fuffi.

BRID-OISON.

La fo-orme, Mon-onfeigneur, la fo-orme. Tel fe rit d'un Ju-uge en ha-abit court, qui trememble à-à l'afpect d'un Pro-ocureur en ro-obbe : la-a fo-orme, Mon-onfeigneur, la-a fo-orme.

LE COMTE.

Faites entrer l'Audience.

L'HUISSIER.

L'Audience, Meffieurs.

(*Les Payfans entrent & fe rangent derriere.*)

***

S C E N E XI.

Les Acteurs précédens, ANTONIO, Troupe de Payfans & Payfannes.

Le Comte s'affied dans le fauteuil fur l'eftrade : les Confeillers & Brid-Oifon , dans les fauteuils au bas de celui du Comte. Double-main , fur le tabouret devant une petite table ; Figaro au bout du banc des avocats à gauche du Comte, Marcelline & le Docteur, au bout du banc à droite

BRID-OISON.

DOu-ouble - main , appelle-ez les pla-acets.

L'HUISSIER.

Silence , Meffieurs.

DOUBLE-MAIN, *lifant.*

Noble , très-noble , infiniment noble , Dom Pedro-Georges Idalgot , Baron de Carallot , petras montes , allos montes ... Contre Dom Calderon , Auteur tragique ... Il s'agit d'une tragédie morte née , que chacun renie & rejette l'un fur l'autre.

LE COMTE.

Ils ont raifon tous deux ; ordonnez qu'ils en recommenceront une enfemble ; mais afin que l'ouvrage marque dans le grand monde , le noble y mettra fon nom , & le poëte fon talent.

DOUBLE-MAIN.

Silence , donc Meffieurs ...

L'HUISSIER.

Silence , Meffieurs.

DOUBLE-MAIN.

Dom Petronicio, laboureur; contre le rece-
veur des Tailles : il s'agit d'un forcement arbitraire.

LE COMTE.

L'affaire n'eft pas de mon reffort; je fervirai
mieux mes vaffaux, en les protégeant près du
Roi; paffez.

DOUBLE-MAIN.

Agar-Hab, Judith Demoifelle Nicole Marcelline
de Verte-allure ; contre . . . . . . Figaro, nom
de baptême en blanc.

FIGARO.

Anonime,

BRID-OISON.

A-a-nonime, qu'el pa-atron eft-ce là ?

FIGARO.

C'eft le mien.

DOUBLE-MAIN.

Contre anonime Figaro . . . . qualités . . .

FIGARO.

Gentilhomme.

LE COMTE.

Vous êtes Gentilhomme ?

FIGARO.

Si le Ciel l'eût voulu, je ferois fils d'un Prince.

DOUBLE-MAIN.

Contre anonime Figaro, Gentilhomme ; le Docteur Bartholo, plaidant pour ladite Marcelline
de Verte-allure, & ledit Figaro pour lui-même,
fi la Cour lui permet contre les vœux de l'ufage.

FIGARO.

L'ufage, Mᵉ. Double-main eft fouvent un abus ;
les parties favent mieux leurs caufes que certains
Avocats, qui fuent à force, crient à tue tête,
laiffant tout hors les faits, s'embaraffant auffi peu
des intérêts de leurs Cliens, que d'endormir Meffieurs & d'ennuyer l'auditoire; auffi bien éfoufflés

après cela que s'ils euffent compofé l'*Oratio pro Murena.* Moi j'ai fini en deux mots : (*fe tournant vers les couliffes*) Meffieurs...

DOUBLE-MAIN.

Taifez-vous, taifez-vous, en voilà déjà trop , vous n'êtes pas demandeur, vous n'avez que la dé-fenfe : approchez & lifez la promeffe.

LE DOCTEUR. (*lifant.*)

Je reconnois avoir reçû de Nicolle-Marceline de Verte-allure, la fomme de deux mille piaftres fortes que je promets de lui rendre à fa premiere réqui-fition, au Château d'Aguas-frefcas, & que je l'épou-ferai. Mes conclufions tendent à l'exécution de la promeffe & au paiement du billet... Meffieurs, jamais caufe plus intéreffante ne fut foumife à la décifion de la Cour , & depuis Alexandre le Grand , qui fit une promeffe de mariage à la Reine Taleftris ..

LE COMTE.

Docteur, avant d'aller plus loin, convient-on de la valeur du billet ?

FIGARO.

Il y a Meffieurs , malice, erreur, ou diftraction dans la maniere dont on a lû le billet. Car il n'y a pas : que je promets lui rendre dans le Château d'Aguas-frefcas, & que je l'épouferai ; mais où je l'épouferai, ce qui eft bien différent.

LE COMTE.

Comment y a-t-il fur le billet ?

LE DOCTEUR.

Il y a , & ,

FIGARO.

Il y a , ou ,

BRID-OISON.

Double-main, prenez la-a-a-a pro-omeffe , & lifez vous-ous même.

DOUBLE MAIN.

Oui , car les parties font fouvent infidéles dans

leurs lectures. (*aux Auditeurs.*) Mais, Messieurs, un peu de silence.

L'HUISSIER.

Silence, Messieurs.

DOUBLE-MAIN, (*lisant pendant que Brid-oison s'endort.*)

Je reconnois... Marcelline de verte-allure.... dans le Château d'Aguas-frescas .. & ou ... & ou .. c'est si mal écrit, .. & puis il y a un pâté.

BRID-OISON *s'éveillant.*

Un pâ-a-té, je-e sais ce que c'est.

LE DOCTEUR.

Eh bien, Messieurs, à la bonne-heure : point de chicane, nous voulons bien qu'il y ait ou, & nous l'accordons.

FIGARO.

J'en demande acte.

LE DOCTEUR.

Nous y adhérons : mais je soutiens que le coupable ne peut échapper... En effet Messieurs... cette syllable est la copulation qui joint les deux membres de la phrase ; c'est ainsi que l'on diroit Messieurs... Messieurs, vous vous ferez saigner, & vous vous mettrez dans votre lit, où vous vous tiendrez chaudement... Vous prendrez un gros de Rhubarbe, où vous mettrez un gros de Tamarin. Ainsi Messieurs je lui rendrai dans le Château d'Aguas-Frescas où je l'épouserai, c'est comme s'il y avoit dans lequel je l'épouserai. ...

FIGARO.

Et moi je dis, que c'est l'alternative qui soutient ces deux phrases. C'est ainsi que l'on diroit, Messieurs, ou la maladie vous tuera ou le Médecin, ou bien ce sera la médecine. Autre exemple, ou n'écrivez rien de bon, ou les sots s'éléveront contre vous, ou contre vous les sots s'éléveront ; ainsi c'est comme s'il y avoit, je rendrai à ladite Marcelline de verte-allure, dans le Château d'Aguas-Frescas, ou bien j'épouserai la donzelle, rien de plus clair ; car dans des cas sots & méchans ce sont toujours les substantifs qui gouvernent. M^e. Bartholo, croit donc que j'ai oublié ma syntaxe ; il parle latin, mais je suis Grec, moi, & je l'extermine.

LE DOCTEUR.

Ce n'est pas là le sens de la promesse.

FIGARO.

Il n'y a qu'à voir la ponctuation ; que je promets de rendre dans le château d'Aguas-Frescas, (virgule) ou je l'épouserai.

LE DOCTEUR.

Sans virgule.

FIGARO.

Elle y est.

LE DOCTEUR.

Elle n'y est pas.

FIGARO.

Elle y étoit, on l'a grattée.

(*Le Comte & les Conseillers se levent pour opiner.*)

LE DOCTEUR.

Il n'y a que vous qui soyez capable d'une pareille friponnerie.

FIGARO.

M^e. Bartholo, défendez votre cause, mais cessez d'injurier. Lorsque les tribunaux considérant que souvent les parties perdroient une bonne cause par l'ignorance des moyens, ont admis des tiers, ils n'ont pas entendu qu'ils devinssent insolens privilégiés. Ce seroit dégrader le plus noble institut,

LE DOCTEUR.

Bah, bah !

MARCELLINE, *au Docteur.*

On a corrompu le grand Juge, il corrompra tous les autres, & je perds mon procés.

LE DOCTEUR.

J'en ai peur.

DOUBLE-MAIN.

Ah! c'eſt trop fort, je vous dénonce, & pour l'honneur du Siége, je demande qu'avant de faire droit ſur l'autre affaire, il ſoit prononcé ſur celle-ci.

LE COMTE, *s'aſſeyant.*

Non, Greffier, je ne prononcerai pas ſur mon injure perſonnelle. Un Juge Eſpagnol n'aura pas à rougir d'un excès digne tout au plus des Tribunaux Aſiatiques ; tout Juge qui s'excuſe lui-même & condamne les autres eſt un grand ennemi des loix. Si le défendeur veut garder ſa perſonne, à lui permis.

FIGARO.

J'ai gagné.

LE COMTE.

Mais comme le texte dit, je paierai à la Demoiſelle ou je l'épouſerai ; la Cour condamne le défendeur à payer à ladite Demoiſelle la ſomme de deux mille piaſtres fortes à l'inſtant.

FIGARO.

J'ai perdu.

Le Comte deſcend de ſon ſiége, les conſeillers le ſuivent.

ANTONIO.

Superbe !

FIGARO.

En quoi ſuperbe ?

ANTONIO.

En ce que tu n'es plus mon neveu.

FIGARO.

D'ailleurs, l'homme qui épouſe n'eſt pas obligé de rembourſer...

LE DOCTEUR.

Mais, nous marions ſéparés de biens.

FIGARO.

Et moi de corps, puisque le mariage n'est pas quittance.

LE COMTE, *à part.*

Me voilà vengé ; aumoins cela soulage.
(*à l'Huissier.*) faites sortir l'Audience.

L'HUISSIER.

Sortez, Messieurs.
(*L'Huissier, les trois Conseillers, Antonio, les Paysans & toute l'Audience sortent.*)

SCÉNE XII.

LE COMTE, BRID-OISON, LE DOCTEUR, MARCELLINE, FIGARO.

FIGARO.

(*montrant Brid-oison.*)

C'Est ce gros enflé-là qui est cause que jai perdu.

BRID-OISON.

Est-ce que je-e suis un gros en- enflé ?

FIGARO.

Non, ce n'est pas encore fait, & je ne me marie pas sans le consentement de mes nobles parens.

LE COMTE.

Hé bien, où sont-ils ? Il crieroit qu'on lui fait injustice.

FIGARO.

Qu'on me donne du tems, je suis bien près de les retrouver ; il y a quinze ans que je les cherche, Monseigneur. Quand même les riches étoffes dont j'étois couvert, les linges à dentelles & bijoux trouvés sur moi par les Bandits qui m'enlevérent, ne prouveroient pas que je suis né de parens riches, aumoins des caractères gravés sur mon corps, prouvent

vent

vent que j'étois un enfant précieux : & ce hyéro-
gliphe... (*Il montre son bras.*)

MARCELLINE.

Une spatule à son bras ? C'est-lui, Docteur.

LE DOCTEUR.

Et qui ?

MARCELLINE.

C'est Emmanuel !

LE DOCTEUR *à Figaro.*

Vous futes enlevé, dites-vous, par des Bohé-
miens ?

FIGARO.

Tout près du Château.

LE DOCTEUR.

C'est lui...

FIGARO.

Achevez, Docteur, achevez de me rendre à mes
nobles parens ; des monceaux d'or n'arréteront pas
la reconnoissance de ma famille.

LE DOCTEUR, (*montrant Marcelline.*)

Voilà ta Mere.

FIGARO.

Nourrice ?

LE DOCTEUR.

Ta propre Mere.

FIGARO, *se cache le visage dans les mains.*

O haîne de ma vie !

BRID-OISON.

Ce-est clair ; i-il ne l'é-épousera pas. Et ce Châ-a-
teau, cette noblesse, vous-ous vou vou disiez Gen-
til-homme ; voilà donc comme vous en imposez à
la Justice ?

FIGARO.

Là Justice ! elle alloit me faire faire une belle
sottise : elle alloit me faire épouser ma mere,
après m'avoir vingt fois pour ces maudits cent

écus manquer d'affommer Monfieur, qui fe trouve aujourd'hui mon pere.

MARCELLINE.

Embraffe-moi, mon fils; va, lorfque je t'aimois, c'étoit la nature qui agiffoit en moi.

FIGARO.

Et moi, c'eft l'inflinct, ma mere, qui me faifoit trouver de la répugnance à vous époufer.

SCENE XIII.

Les Acteurs précédens, ANTONIO, SUZANNE.

SUZANNE, *devant Antonio.*

MOnfeigneur, voici la dot que Madame m'a donnée pour payer Marcelline.

LE COMTE. (*à part.*)

Au diable la Maîtreffe: de quoi s'avife-t-elle? (*il fort.*)

ANTONIO, *montrant à Suzanne Figaro qui embraffe Marcelline.*

Tiens, tiens, vois-tu comme ils font d'accord.

SUZANNE.

Ah! la perfide!

FIGARO, *à Suzanne.*

Que dis-tu ma Suzannette?

SUZANNE.

J'en ai affez vu, ta lâcheté & ma fottife.

(*Elle s'en va; Figaro la raméne.*)

FIGARO.

Avant de t'en aller, envifage bien cette femme-là.

SUZANNE, *toifant Marcelline.*

Hé bien, je la vois.

FIGARO.

Comment la trouves-tu?

SUZANNE.

Effroyable!

FIGARO.

Vive la jaloufie, elle ne vous marchande pas.

MARCELLINE.

Ne crains rien ma Suzannette, ce méchant qui te tourmente eft mon fils.

ANTONIO.

Son fils, c'eft donc de tout-à-l'heure.

FIGARO

Je le fuis.

BRID-OISON.

C'e-eft clair, voi-oilà fa-a che-e mere.

MARCELLINE, *à Suzanne.*

Embraffe-moi, ma fille, oublions que nous ayons jamais été ennemies.

BRID-OISON, *pleurant.*

Que je fuis donc bê-ete, je-e fuis tou-out a-attendri.

MARCELLINE.

Et toi, Figaro?

FIGARO.

Quoi, ma chere mere, vous voudriez voir mes yeux couler comme deux fontaines; tout-à-l'heure je fentois mes larmes couler entre mes doigts, fans pouvoir les arrêter; mais vas te promener la honte, je veux rire & pleurer à la fois. Je ne fentirai jamais le plaifir que j'éprouve en ce moment, en voyant ces deux cheres femmes-là.

SUZANNE, *à Antonio.*

Eh bien, mon oncle, vous ne refuferez plus?

ANTONIO.

Les parties fe baillent-elles la main?

LE DOCTEUR.

Que ma main fe deffêche plutôt que de la mettre dans celle d'un traître.

ANTONIO.

Vous n'êtes donc qu'un pere marâtre?

F ij

LE DOCTEUR.

Ouf. . .

ANTONIO.

En tout cas je ne donnerai pas ma niéce à celui qui n'eſt enfant de perſonne.

BRID-OISON.

E-eſt-ce que ça-a ſe peut, imbécille, o-on
eſt tou-oùjours en-enfant de que-elqu'un.

FIGARO, *retenant le Docteur qui s'en va.*

Ah ! mon pere, laiſſez-vous toucher.

SUZANNE, *lui paſſant la main
ſur les joues & le careſſant.*

Mon petit papa, nous vous aimerons , nous
vous chérirons.

MARCELLINE.

Monſieur le Docteur, n'entendez-vous pas la voix
de la nature au fond de votre cœur ? De l'eſprit,
de la figure qui ne vous ont pas coûté une obole.

LE DOCTEUR, *pleurant.*

Ouf, ouf. Ne voilà-t-il pas que je ſuis auſſi
bête que Monſieur. [*il montre Brid-Oiſon.*]
Embraſſez-moi mes enfans.

MARCELLINE, *à Figaro.*

Tiens, mon enfant, voilà la promeſſe, & je
te remets la dette.

SUZANNE.

Tiens, prends auſſi cette dot, elle eſt à toi.

(*Elle lui remet la bourſe.*)

FIGARO.

Grand merci. [*Ils ſortent tous excepté Brid-Oiſon.*

SCENE XIV.

BRID-OISON, *ſeul.*

NE voilà-t-il pas que-e je ſuis au-auſſi bê-ete que M.
On-on ſe-e dit bien ça à ſoi-même, mais aux autres...
I-i-ils ne ſo ont pas po-olis du tout, ces gens-là. *il ſort*

Fin du troiſieme Acte.

ACTE IV.

Le Théâtre repréſente un grand & long Sallon; on voit ſortir du plafond huit luſtres & ſur le bord de la ſcene deux fauteuils, & derriere une table à écrire. Au fond du Sallon eſt une porte à deux battans ouverte, qui donne dans un autre Sallon.

SCENE PREMIERE.

SUZANNE, FIGARO.

FIGARO.

EH bien, Suzannette, es-tu contente? tout a réuſſi au gré de nos vœux; Monſieur le Comte eſt pris lui-même dans ſes propres filets : tu avois une méchante rivale; j'avois un diable déchaîné contre moi, une furie acharnée contre mon mariage, tout cela eſt changé en la meilleure des meres. Hier j'étois comme ſeul au monde, & voilà que j'ai tous mes parens aujourd'hui. Ils ne ſont pas il eſt vrai auſſi brillants que je me l'étois figuré, mais ne ſont-ils pas ſuffiſans pour nous, qui n'avons pas la vanité des richeſſes?

SUZANNE.

Aucune des choſes que nous avions préparées, que nous attendions, n'eſt cependant arrivée.

FIGARO.

La fortune nous ſert ſouvent mieux que nous-même : ainſi va le monde. On projette, on machine d'un côté; la fortune exécute de l'autre; & depuis l'aveugle mené par ſon chien, juſqu'au Monarque

qui voudroit envahir la terre, tout va au gré de son
caprice; encore l'aveugle au chien est-il mené plus
sûrement que l'autre aveugle avec son entourage.
Pour cet autre animal aveugle conduit par la folie..

SUZANNE.

L'amour?

FIGARO.

Tu veux donc bien que prenant la place de la
folie, je sois le seul qui te conduise à ta jolie mignone porte.

SUZANNE.

L'amour, & toi?

FIGARO.

Moi & l'amour.

SUZANNE.

A condition que vous n'irez pas chercher d'autre gîte.

FIGARO.

Si jamais cela m'arrive,. que mille millions de
Galans...

SUZANNE.

Ah! des sermens, tiens Figaro, dis-moi seulement ta bonne vérité.

FIGARO.

Ma vérité la plus vraie.

SUZANNE.

Est-ce qu'on en a plusieurs donc?

FIGARO.

Ah! que oui: depuis que l'on a vû que quelquefois folie devenoit sagesse, & que de petits men-
songes produisoient souvent de bonnes grosses vé-
rités, on en a de toute espéce. Et celles que l'on
fait sans ôser les dire, car toute vérité n'est pas
bonne à dire, & celles qu'on invente sans y ajoûter
foi, car toute vérité n'est pas bonne à croire, & les
sermens passionnés; les menaces des Meres, les pro-
testations des buveurs, les promesses des Gens en

place & le dernier mot des Marchands. Ah ! l'état n'en finit pas.

SUZANNE.

J'aime ta joie parce qu'elle eft gaie, qu'elle montre la férénité de ton ame. Parlons un peu de notre rendez-vous avec Mr. le Comte.

FIGARO.

Ah ! plutôt n'en parlons plus ; il a failli me coûter ma Suzanne.

SUZANNE.

Et s'il m'attend au jardin?

FIGARO.

Qu'il s'y morfonde, & que ce foit fa punition.

SUZANNE.

Il m'en a plus coûté pour l'accorder, qu'il ne m'en coûte à le renvoyer.

FIGARO.

Ainfi tu n'iras pas au rendez-vous.

SUZANNE.

Je te le promets.

FIGARO.

Ta bonne vérité?

SUZANNE.

Oh ! je ne fuis pas comme vous autres Savans ; je n'en ai qu'une, & je la promets une fois pour toutes.

FIGARO.

Et tu m'aimeras un peu?

SUZANNE.

Oh ! beaucoup.

FIGARO.

Ce n'eft guere.

SUZANNE.

Comment donc ?

FIGARO.

Tiens, ma Suzon, en fait d'amour, vois-tu, trop n'eft pas même affez.

SUZANNE.

Je n'entends rien à toutes vos finesses, mais je n'aimerai jamais que mon mari.

FIGARO.

Tiens parole, & tu feras une belle exception à l'usage.

━━━━━━━━━━━━━━━━━━━━

SCENE II.

Les Acteurs précédens, LA COMTESSE.

LA COMTESSE.

EN quelque endroit que vous les cherchiez, croyez qu'ils y sont ensemble. Allons Figaro, c'est vôler l'avenir ; d'ailleurs Monsieur le Comte, t'attend, il va te gronder.

FIGARO, *emmenant Suzanne.*

Je vais lui montrer mon excuse.

LA COMTESSE, *lui fait signe de laisser Suzanne.*

Elle te suit.　　　　(*Figaro sort.*)

━━━━━━━━━━━━━━━━━━━━

SCENE III.

SUZANNE, LA COMTESSE.

LA COMTESSE.

AS-tu tout préparé pour que nous puissions changer d'habits ?

SUZANNE.

Madame, il n'en est plus besoin, le rendez-vous n'aura pas lieu.

LA COMTESSE.

Comment, le rendez-vous n'aura pas lieu ?

SUZANNE.

Figaro ne veut pas.

LA COMTESSE.

Vous me trompez; Figaro n'eft pas homme à laiffer échapper une dot; il vous fâche de m'avoir avertie de l'amour du Comte, & vous voulez aller vous-même au rendez-vous.

SUZANNE, *fe jettant aux pieds de la Comteffe.*

Ah! Madame, au nom du Ciel, après toutes les bontés que vous avez eues pour moi, & la dot que vous me donnez, pouvez-vous croire?...

LA COMTESSE, *la relevant.*

Mais je penfois qu'en allant moi-même à ta place au rendez-vous, perfonne ne feroit compromis, & ton mariage, quelque chofe qui arrive, feroit affûré.

SUZANNE.

Ah! Madame, quel mal vous m'avez fait.

LA COMTESSE.

C'eft que je fuis une étourdie. (*elle embraffe Suzanne.*) Où eft ton rendez-vous?

SUZANNE.

Le mot du jardin m'a feul frappée.

LA COMTESSE,

Il me vient une idée; il faut lui en donner un écris-lui.

SUZANNE.

Moi, lui écrire, Madame?

LA COMTESSE.

Je prends tout fur moi. (*Suzanne va s'affeoir à la table, la comteffe dicte.*) Chanfon nouvelle : il fera beau ce foir fous les grands maronniers.

SUZANNE, *écrivant.*

Il fera beau ce foir fous les grands maronniers: après?

LA COMTESSE.

Crains-tu qu'il n'entende pas?

SUZANNE.

Ah! c'eft jufte.

LA COMTESSE.

Cachette ce billet avec une épingle, & mets fur le dos du billet, vous renverrez le cachet.

SUZANNE, (*après avoir écrit, cherche à fon corfet*)

Mais je n'ai pas d'épingle

LA COMTESSE.

Tiens ; en voilà une. (*elle tire l'épingle qui te-noit le ruban qu'elle avoit repris au Page, & le ruban tombe.*)

SUZANNE, *ramaffant le ruban.*

Mais c'eft votre ruban que vous avez repris au petit Page.

LA COMTESSE.

Oui, rends-le moi.

SUZANNE.

Mais il y a du fang ; Madame ne le portera plus.

LA COMTESSE.

Il eft affez bon pour Fanchette, quand elle va venir m'apporter un bouquet.

SCENE IV.

Les Acteurs précédens, FANCHETTE, CHÉRUBIN, *habillé en fille, & plufieurs* Filles du VIllage *portant chacune un bouquet, ainfi que* Fanchette & Chérubin.

FANCHETTE.

M Adame, ce font les Filles du Village qui vien-nent vous offrir leurs bouquets pour la nôce.

LA COMTESSE.

Quelle eft cette jeune étrangére ?

UNE FILLE.

Madame, c'eft une coufine à moi qui eft venue pour la fête.

LA COMTESSE.

Elle est jolie : *elle prend le bouquet de chérubin,* il ne me faut pas vingt bouquets; honneur à l'étrangère. (*elle baise chérubin au front.*)

CHÉRUBIN, *à part.*

Voilà un baiser qui m'a été bien loin.

LA COMTESSE. *à Susanne.*

Elle a rougi : ne trouves-tu pas, Susanne, qu'elle ressemble à quelqu'un?

SUZANNE.

La ressemblance est frappante.

***

SCENE V.

Les Acteurs précédens, LE COMTE, AN-TONIO, *tenant à la main un chapeau d'Officier.*

ANTONIO.

MOnseigneur, je vous dis qu'il est ici. (*chérubin se cache au milieu des filles qui l'environnent.*) Les filles du Village l'ont habillé en fille chez ma fille, & je viens de trouver parmi les habits son chapeau d'Officier, qu'il y a laissé par mégarde. (*Il tourne autour des filles & tire chérubin en lui mettant le chapeau.*) tenez, Monseigneur, voilà votre Officier.

LE COMTE.

Encore le maudit Page! Il y a un mauvais génie qui tourne tout ici contre moi. (*à la comtesse*) hé bien, Madame?

LA COMTESSE.

Vous me voyez plus étonnée que vous, Mr. le Comte, & Susanne n'étoit pas plus instruite que moi.

LE COMTE

J'avois tort, sans doute ce matin, quand je disois qu'il étoit chez vous?

LA COMTESSE.

J'aurois tort moi-même si je diffimulois plus long-tems. Oui, M. le Comte, il étoit chez moi quand vous êtes entré ; nous commencions un badinage que ces enfans viennent d'achever : vous êtes entré, je me fuis troublée, il s'eft caché, votre imagination a fait le refte.

LE COMTE.

Etre enforcellé par un Page! mais tu me le paieras.

FANCHETTE.

Ah! Monfeigneur, quand vous venez m'embraffer & que vous me dites ; tiens petite Fanchette, fi tu veux, m'aimer je te donnerai tout ce que tu voudras.

LE COMTE, *interdit.*

Je t'ai dit cela, moi ?

FANCHETTE.

Oui, Monfeigneur : eh bien, au lieu de renvoyer Chérubin, donnez-le-moi en mariage, & je vous aimerai à la folie,

LA COMTESSE.

Vous le voyez, Monfieur, l'aveu de cet enfant auffi naïf que le mien, prouve deux chofes. Si je vous donne de l'inquiétude c'eft fans le vouloir, & vous mettez tous vos foins à augmenter les miennes.

ANTONIO.

Et vous auffi, Monfeigneur, vous la dreffez comme feue fa mere qui eft morte : ce n'eft pas pour la conféquence ; mais Madame la Comteffe fait bien que lorfque les jeunes filles ont une fois pris l'effor...

SCENE VI.

Les Acteurs précédens, FIGARO.

FIGARO.

MAis Monseigneur, si vous retenez toutes nos filles, on ne pourra commencer la fête ni la danse.

LE COMTE.

Vous dansez? vous n'y pensez pas, & votre pied foulé.....

FIGARO, *portant la main au pied.*

Oui; il me fait encore un peu de mal, mais le plaisir le guérira. (*Il se tourne vers les Villageoises.*) Allons, mes belles.

LE COMTE, *le retenant.*

Vous avez été bien heureux que ce fût du terrain bien doux.

FIGARO.

Assurément. (*aux Villageoises.*) O ça vous autres...

ANTONIO, *le retenant.*

Et vous vous êtes pelotonné en tombant.

FIGARO.

Un plus adroit, n'est-ce pas, auroit resté en l'air, imbécille? (*aux Villageoises.*) Allons, mes Demoiselles.

ANTONIO, *le ramenant.*

Et le petit Page, galoppoit sur son cheval.

FIGARO.

Galoppoit, ou alloit au pas, que m'importe? [*aux Villageoises.*] O ça finissons-nous?

LE COMTE, *le ramenant.*

Et vous aviez son brevet dans votre pôche?

FIGARO.

Assurément. Oh! quelle enquête!

ANTONIO, *montrant Chérubin.*

Tiens, regarde.

FIGARO.

Chérubin ! peste soit du petit fat.

ANTONIO.

Eh bien, y es-tu à-préfent ?

FIGARO.

Si j'y fuis, fi j'y fuis, hé bien, qu'eft-ce qu'il chante ?

LE COMTE.

Il ne chante pas, il dit que c'eft lui qui eft fauté.

FIGARO.

Il le dit, cela fe peut.

LE COMTE.

Ainfi vous avez fauté deux.

FIGARO.

Monfeigneur, au bruit que vous faifiez, on auroit fauté une douzaine. D'ailleurs la rage de fauter peut prendre : voyez les moutons de Panurge. (*aux Villageois.*) Allons, Mefdemoifelles. (*On entend la fymphonie.*) Vous entendez, Monfeigneur, voilà les violons & les corne-mufes qui nous appellent, courez vîte vous autres, courons, ma Sufanne. (*Il la prend par la main.*)

LE COMTE.

Jouons-nous ici la Comédie ? (*tout le monde fort excepté le Comte, la comteffe & chérubin.*)

SCENE VII.

LE COMTE, LA COMTESSE, CHERUBIN.

LE COMTE.

EN vit-on jamais de plus impudent ? (*à chérubin*) Et vous, Mr. le libertin, qui faites le honteux. -Allez vîte vous r'habiller, & que je ne vous voye plus de la foirée....

LA COMTESSE.
Le pauvre enfant! il va bien s'ennuyer.
CHERUBIN.
(*mettant fon chapeau fur la tête.*)
M'ennuyer! je porte fur mon front du bonheur
pour plus de cent ans. (*Il fort en fautant.*)

SCENE VIII.

LE COMTE, LA COMTESSE.

LE COMTE.

QU'a-t-il donc au front de fi heureux?
LA COMTESSE.
Son premier châpeau d'Officier, fans doute : aux
enfans tout fert de hochet.
LE COMTE.
Allons, Madame, affeyons-nous en attendant la
fête.
LA COMTESSE.
Non, Mr. le Comte, permettez que je me retire : vous favez que je fuis fort incommodée.
LE COMTE.
Un moment pour votre protégé; ou je croirai
que vous êtes en colère. (*On entend commencer la
marche.*)
LA COMTESSE.
Allons, je refte, puifque voilà les aprêts de la
nôce.
LE COMTE. *à part*
La nôce! la nôce! Allons, il faut bien fouffrir
ce qu'on ne peut empêcher.

SCENE IX.

Le Comte & la Comtesse s'asseyent dans des fau-
teuils, l'un à côté de l'autre. La marche est commen-
cée par l'Huissier-Audiencier suivi de quatre Gar-
des, ensuite quatre Conseillers, deux à deux :
ensuite Brid-oison seul, après le premier Danseur
tout en rose, ensuite deux Danseuses, dont l'une
porte le chapeau de la Fiancée, l'autre un carreau,
suivent deux Danseurs & Danseuses deux à deux :
après vient Susanne, tête nüe, conduite par son on-
cle Antonio : ensuite Figaro donnant la main à
Marcelline : enfin la marche est terminée par le Doc-
teur : lorsqu'elle a défilé devant le Comte & la
Comtesse, Antonio mène Susanne au Comte ; les
autres Acteurs sont à gauche du Théâtre, le
Comte, la Comtesse, Antonio, Susanne, & les
deux Danseuses qui portent le chapeau & le car-
reau sont à droite : la Danseuse met le carreau
aux pieds du Comte ; Susanne se met à genoux
dessus, & l'autre Danseuse remet le chapeau au
Comte. Pendant que le Comte l'attache sur la tête
de Susanne, Fanchette & une Danseuse chantent
deux couplets analogues à la fête. Susanne saisit
cette occasion pour donner au Comte le billet du
rendez-vous. Comme elle est la plus proche du bord
du Théâtre, personne ne peut l'appercevoir : elle
glisse de la main droite le billet au Comte. Celui-
ci défait sans qu'on le remarque, les trois premiers
boutons de son habit, & faisant semblant d'atta-
cher la derniere épingle du côté par lequel Su-
sanne lui donne le billet, il le prend & le cache
aussitôt dans sa veste. Antonio mène ensuite Su-
sanne vers Figaro de l'autre côté du Théâtre : celui-
ci s'approche pour la recevoir & la va présenter à
Marcelline. Cependant le Comte empressé de lire

le billet, le décachette & se pique; il se léve & se presse le doigt pour faire sortir le sang.

LE COMTE. (*à part.*)

PEste soit des femmes; elles sourent des épingles par-tout.

FIGARO, (*bas au Docteur, à Suzanne, à Antonio, à Marcelline.*)

C'est un billet qu'il aura reçu en passant de quelque belle; il étoit cacheté d'une épingle qui l'aura piqué.

(*Le comte ayant lû l'adresse, cherche & ramasse l'épingle qu'il avoit jetté.*)

(FIGARO, (*aux mêmes.*)

D'un objet aimé tout est cher; le voilà qui cherche le cachet.

(*Figaro amene Marcelline devant le comte & la comtesse, & pendant que le comte se prépare à lui mettre un bonnet, on entend crier:*)

L'UISSIER.

A moi Gardes, à moi les Gardes, à moi, à cette porte.

LE COMTE.

Eh bien, qu'est-ce que c'est?

L'UISSIER.

Monseigneur, c'est Mr. Basile accompagné d'un village, parce qu'il marche en chantant.

LE COMTE.

Qu'il entre seul.

LA COMTESSE.

Monsieur le Comte, permettez que je me retire chez moi. (*bas à Suzanne.*) Allons vîte changer d'habits.

SCENE X.

Les Acteurs précédens, GRIPPE-SOLEIL, BASILE

BASILE, *chantant & s'accompagnant de la Guitare.*

Cœurs sensibles, Cœurs fidéles,
Qui blâmez l'amour léger ;
Cessez vos plaintes cruelles :
Est-ce un crime de changer ?
Si l'amour porte des aîles,
N'est-ce pas pour voltiger.　　(*bis.*)

FIGARO.

Oui, mon ami, c'est pour cela qu'il a des aîles au dos ; mais que signifie cette chanson ?

BASILE.

Après avoir prouvé à Monseigneur, mon obéissance en amusant Monsieur, [*il montre Grippe-Soleil.*] qui est de sa compagnie ; je viens réclamer sa justice.

GRIPPE-SOLEIL.

Bah ! Monseigneur, il ne m'a pas amusé du tout avec ses guenilles d'ariétes.

LE COMTE. *à Basile.*

Que demandez-vous ?

BASILE.

La main de Marcelline.

FIGARO, *à Basile.*

Y a-t-il long-tems que Mr. n'a vû la figure d'un fou ?

BASILE.

Non, puisque je te vois.

FIGARO.

Puisque mes yeux te servent si bien de miroir, lis-y l'effet de ma prédiction. Si tu fais mine seulement d'approximer Madame.. (*il montre Marcelline.*)

LE DOCTEUR.

Ah ! Messieurs, faut-il que deux Amis se quérellent ?

FIGARO, *à Basile.*

Mon ami, toi! parce que tu fais de plain-chant de Chapelle.

BASILE.

Parce que tu fais des vers comme un Journal.

FIGARO.

Muficien de Guinguette.

BASILE.

Poftillon de Gazettes.

FIGARO.

Cuiftre d'Oratorio.

BASILE.

Jockei diplômatique.

LE COMTE.

Eh bien! Mrs. les infolens, cefferez-vous bientôt de vous injurier devant moi?

BASILE.

C'eft lui, Monfeigneur, qui me manque en toute occafion, difant par-tout que je ne fuis qu'un fot.

FIGARO.

Eft-ce que tu me prends pour un écho?

BASILE.

Peux-tu traiter ainfi un homme qui parmi tous les chanteurs brille!

FIGARO.

Brillé! dis donc; braille.

BASILE.

Vous le voyez, Monfeigneur, il le répéte.

FIGARO.

Et pourquoi non, fi cela eft vrai? Es-tu Prince, pour qu'on te flagorne? Souffre la vérité, Coquin, puifque tu n'as pas de quoi gratifier un menteur: ou fi tu la crains de notre part, pourquoi veux-tu rompre mon mariage?

BASILE, *à Marcelline.*

Ne m'avez vous pas promis à Séville, que vous m'époufériez dans quatre ans?

MARCELLINE.

Oui, mais à quelle condition?

BASILE.

Que si vous retrouviez un certain fils perdu, je l'adopterois par complaisance.

FIGARO.

Eh bien, il est retrouvé ce fils.

BASILE.

Où est-il?

LE DOCTEUR.

(*montrant Figaro.*)

Le voilà, le voyez-vous?

BASILE, (*détournant la tête.*)

Ah! j'ai vû le Diable.

BRID-OISON.

Vous n'é-épouserez donc pas sa-a chere Mere?

BASILE.

Moi, être le pere d'un tel drôle!

FIGARO.

Moi, être ton fils!

BASILE.

Je vous déclare que tant Monsieur sera quelque chose ici, je n'y ferai plus rien. [*il sort.*]

SCENE XI.

Les Acteurs précédens, excepté Basile.

FIGARO.

Donc à la fin j'aurai ma femme.

LE COMTE.

Et moi, ma maitresse.

BRID-OISON.

Et tou-out le mon-onde sera sa-atisfait.

GRIPPE-SOLEIL.

Et moi, je vais préparer le feu d'artifice sous les grands maronniers.

LE COMTE.

Sous les grands maronniers ? quel eſt le ſot qui t'a donné cet ordre ? & la Comteſſe qui eſt incommodée, d'où le vera t'elle ? C'eſt ſur la terraſſe, devant ſa fenêtre qu'il faut le préparer, entends-tu ?

GRIPPE-SOLEIL.

Oui, Monſeigneur.

LE COMTE, (*à part.*)

Sous les grands maronniers ! la belle idée ! Ils alloient incendier mon rendez-vous. . .

Tout le monde ſort, excepté Figaro & Marcelline.

SCENE XII.

FIGARO, MARCELLINE.

FIGARO.

QUel excès d'attention pour ſa femme ?

MARCELLINE.

Mon fils, quand je te parlois contre Suzanne, c'étoit par prévention, car je la crois vertueuſe, & l'amour de Mr. le Comte ne doit pas t'inquiéter.

FIGARO.

Ma mere, ne croyez pas que les actions de votre fils ſoient dirigées par les impulſions féminines. La jalouſie n'eſt qu'un ſot enfant de l'orgueil, ou c'eſt la maladie d'un fou. Oh ! j'ai la-deſſus, ma mere, une philoſophie imperturbable.

MARCELLINE.

Mon fils, il ne faut jurer de rien.

FIGARO.

Ah ! je défie à la plus ruſée de m'en faire accroire, & ſi Suzanne doit me tromper un jour, je la pardonne d'avance, elle aura fort à faire auparavant.

SCENE XIII.

Les Acteurs précédens, FANCHETTE.

FANCHETTE, *fans voir les autres.*

VOyons s'il n'y a perfonne ici. (*Elle arrive tout près des autres fans les voir.*)

FIGARO, *à Fanchette.*

Eh! mais, ma chere coufine nous écoutoit, je crois.

FANCHETTE.

Oh! non; on dit que ce n'eft pas honnête.

FIGARO.

Non; mais c'eft quélquefois utile ; & l'on peut confondre l'un avec l'autre. Qu'eft-ce que tu cherche ici? Chérubin, friponne.

FANCHETTE.

Non, car je fais bien où il eft ; c'eft ma coufine Suzanne, que je cherche.

FIGARO.

Que lui veux-tu?

FANCHETTE.

Ah! mon petit coufin, je vous le dirai; c'eft pour lui remettre une épingle.

FIGARO.

Une épingle! une épingle! Quoi Mademoifelle, fi jeune encore, vous faites de pareils meffages? Et de quelle part, s'il vous plaît?

FANCHETTE.

Oh! je m'envais, puifque vous êtes en colere.

FIGARO.

Non, reftez, petite Coufine, ce n'eft rien, je fais ce que c'eft, c'eft l'épingle qui cachetoit le billet qu'elle lui a donné tantôt, & que Mgr. t'avoit dit de lui remettre. Tu vois que je le fais.

FANCHETTE.

Et pourquoi me le demandez-vous, puifque vous le favez fi bien?

FIGARO.

C'eft pour voir la maniere dont il s'y eft pris pour t'en charger.

FANCHETTE.

Pas autrement que vous ne le dites. Tiens, m'at-il dit, ma petite Fanchette, vas-t-en porter à ta coufine Suzanne cette épingle ; tu lui diras que c'eft le cachet des grands maronniers. Il eft vrai qu'il a ajoûté : prends bien garde que perfonne ne te voye.

FIGARO.

Allez, petite coufine, & n'en dites pas plus à Suzanne qu'à moi.

FANCHETTE, (*s'en allant.*)

Il me prend pour un enfant, mon coufin.

SCENE XIV.

FIGARO, MARCELLINE.

FIGARO.

EH bien, ma Mere?

MARCELLINE.

Eh bien, mon fils ?

FIGARO.

En vérité, ma Mere, il eft des chofes. .

MARCELLINE.

Eh bien, qu'eft-ce que cela veut dire : il eft des chofes...

FIGARO.

Tenez, ma Mere, ce que Fanchette vient de me dire, je l'ai là comme un plomb. (*montrant fa poitrine.*)

MARCELLINE.

Et pourquoi cela ?

FIGARO.

Mais, ma Mere, cette épingle ?

MARCELLINE.

Ah ! de la jaloufie ! Ce cœur bien ferme n'eft donc qu'un ballon gonflé, qu'une épingle fait partir.... Oh ! j'ai là-deffus, ma Mere, une philofophie imperturbable !

FIGARO.

Ah! mettez le Magiftrat le plus glacé à expliquer les Loix dans fa propre caufe, & vous verrez comme il les entendra.

MARCELLINE.

Mais pourquoi tant s'allarmer fur un fi léger rapport ? Qui t'a dit que c'étoit toi qu'on vouloit jouer plutôt que Mr. le Comte? Qui fait fi Suzanne y ira, dans quelle intention elle ira, ce qu'elle y dira, ce qu'elle y fera ?

FIGARO.

Elle a raifon, ma Mere, raifon, toujours raifon ; mais, ma Mere, accordons quelque chofe à la nature ; on en eft meilleur après.

(*Ils reftent quelque tems en filence d'un air fombre ; enfuite Figaro dit :*)

Je fais où eft le rendez-vous, adieu, ma Mere.

(*Il fort.*)

SCENE XV.

MARCELLINE, *feule.*

ADieu, mon fils ; & moi auffi je le fais, & j'y ferai pour furveiller Suzanne : ou plutôt, avertiffons-la : elle eft fi jolie créature. Nous autres femmes, lorfqu'aucune injure perfonnelle ne nous anime les unes contre les autres, nous fommes affez portées à défendre notre propre intérêt, contre ce terrible & pourtant un peu nigaud fexe mafculin.

Fin du quatrième Acte.

ACTE V.

Le Théâtre repréfente un Jardin, au fond duquel eft une allée de Maronniers ; du côté droit du Jardin eft un cabinet, & du côté gauche un pareil : la fcene fe paffe dans la nuit.

SCENE PREMIERE.

FANCHETTE, *feule, une lanterne d'une main, & de l'autre une Orange & deux Bifcuits.*

C'Eft ici que Chérubin m'a dit de me rendre, pour me faire réciter mon rôle ; il m'a dit dans le cabinet à droite ; Ah ! le voici... mon Dieu, que ces Gens de l'office font méchans ; j'ai eu bien de la peine à avoir feulement deux bifcuits & une orange : parceque Mr. le Comte ne veut plus le voir, faut-il qu'il meure de faim ?... Pour qui, Mademoifelle ... Qu'eft-ce que cela vous fait, Meffieurs ?...Ah! nous favons bien pour qui ; c'eft pour ce petit Page... Eh bien, quand cela feroit... Ah ! il m'a coûté un fier baifer toujours ? (*appercevant Figaro, elle fait un cr*i, *& s'enfuit dans le cabinet à droite.*)

SCENE II.

FIGARO, BASILE, ANTONIO, BRID-OISON, LE DOCTEUR, GRIPPE-SOLEIL, & autres Payfans.

FIGARO.
(*couvert d'un chapeau & d'un manteau.*)

BOn foir, mes Amis : êtes-vous tous ici ?

BASILE.

Tous ceux que tu as prié d'y venir.

FIGARO.

Quelle heure est-il?

ANTONIO.

La Lune devroit être levée.

LE DOCTEUR.

Quel noir apprêt? il a l'air d'un conspirateur.

FIGARO.

C'est ici, Messieurs, que vous allez célébrer la chaste Suzanne & le loyal Seigneur qui se l'est réservée.

BASILE, (*aux autres d'un air mystérieux.*)

Ah! vraiment, je sais ce que c'est; il s'agit d'un rendez-vous, je vais vous conter cela : allons-nous en.

FIGARO.

Allez, & au premier signal, accourez; & si je ne vous fais voir une belle chose, dites que Figaro est un sot.

LE DOCTEUR.

Mon fils, souviens-toi qu'un homme sage ne se fait pas d'affaires avec les Grands; ils ont quinze & bisque sur nous par leur état.

FIGARO.

Sans leur industrie que vous oubliez; mais souvenez-vous que celui qui montre de la crainte, encourage son adversaire, & lui donne l'avantage sur lui & que j'ai le nom de verte-allure du chef honoré de ma Mere.

LE DOCTEUR.

Il a le diable au corps.

BRID-OISON.

I-i-il l'a.

FIGARO.

Et vous, coquins, illuminez bien les entours, ou par la mort que je voudrois tenir par les dents, si j'en prends un .. (*Il tord les bras à Grippe-soleil.*)

GRIPPE-SOLEIL.

Oh! oh! le brutal.

BASILE, (*s'en allant.*)

M. le Comte & la Suzanne se sont arrangés sans moi ; je ne suis pas fâché de l'algarade. Le Ciel vous tienne en paix, Mr. du marié. (*Ils s'envont tous, excepté Figaro.*)

SCENE III.

FIGARO.

OH Femme ! Femme ! Femme ! Créature foible & décevante, nul animal crée ne manque à son instinct : & le tien est-il donc de tromper ? Elle me résistoit lorsque je la pressois devant Madame la Comtesse, & c'étoit pour mieux me jouer... Et le perfide rioit en lisant le billet... Non, Mr. le Comte, vous ne l'aurez pas. Parce que vous êtes un grand Seigneur, vous vous croyez tout permis : un nom, un rang, des grandeurs, des richesses, tout cela rend si fier ! Eh ! qu'avez-vous fait pour tant de biens ? Vous vous êtes donné la peine de naître, & rien de plus. D'ailleurs homme assez ordinaire... tandis que morbleu, jetté dans la foule, il m'a fallu déployer plus d'intrigue, plus de calculs seulement pour subsister, qu'il n'en faut pour gouverner les treize Royaumes, & vous voulez joûter... On vient.. (*Il écoute.*) Ce n'est personne.

La nuit est noire en diable, & moi je fais ici le sot rôle de mari, quoique je ne le sois encore qu'à moitié !

(*Il s'assied sur un banc, pose son manteau & son chapeau, & après quelques momens de réflexions, il dit :*

Est-il un sort plus bizarre que le mien? Fils de

je ne fais qui, vôlé par des Bandits, élevé dans
leurs mains, je m'en dégoûte & veux courir une
carriere plus honnête; & par-tout je fuis repouffé!
J'apprends la Chymie, la Pharmacie, la Chirur-
gie; & tout le crédit d'un grand-Seigneur fuffit à
peine pour me mettre à la main une lancette vété-
rinaire. Las de tourmenter des bêtes malades, &
pour faire un métier contraire, je me jette à corps
perdu dans le Théâtre. Plutôt me fûs-je mis
une pierre au cou! ... Je broche une Comédie
dans les mœurs du Sérail: Auteur Efpagnol, je
crois pouvoir fronder en liberté Mahomet: auffi-
tôt, un Envoyé de je ne fais où, fe plaint que j'in-
fulte dans ma pièce la fublime Porte, une partie
de la prefqu-île des Indes, toute la Perfe, la
Chine, le Royaume de Tunis, Tripoli, Maroc,
Alger... Et voilà ma Comédie flambée pour plaire
aux puiffants Mahométans, dont pas un, je
crois, ne fait lire, & qui nous meurtriffent l'ô-
moplate, en difant: chiens de Chrétiens... Ne
pouvant avilir l'efprit, on le maltraite.... Mes
joues creufoient, mon heure étoit venue; je vois
venir de loin l'affreux Recors, la plume fichée
dans la perruque; en frémiffant je m'évertue....
Il s'éleve une queftion fur la nature des richeffes,
& comme il n'eft pas befoin de tenir les chofes pour
en raifonner, n'ayant pas un fol, je fais un Livre
fur la valeur de l'argent & fur fon produit net...
Alors, je vis du fond d'un fiâcre, baiffer pour moi
le pont-levis d'un Château fort, à la porte duquel
je laiffe l'efpérance & la liberté.

*Il refte enféveli dans fes reflexions, enfuite il
se léve avec vivacité.*

Que je voudrois bien tenir un de ces puiffans de
quatre jours, fi légers fur le mal qu'ils ordonnent,
lorfqu'une bonne difgrace a mâté leur orgueil. Je
leur dirois que les fottifes imprimées n'ont d'im-

portance que dans les lieux où on en gêne le cours, que fans la liberté d'écrire, il n'eſt pas d'éloge flatteur; & qu'il n'y a que les petits hommes qui redoutent les petits écrits.

Las de nourir un penſionnaire obſcur, **on me** met un jour dans la rue; & comme il faut dîner, quoique n'étant plus en priſon, je taille de nou-veau ma plume, & demande de quoi il s'agiſſoit. On me dit que pendant ma retraite économique, il s'eſt introduit dans Madrid, un ſyſtême de liberté ſur la vente des productions, qui s'étend juſqu'à celles de la preſſe; & que pourvû que je ne parle ni de l'autorité, ni du culte, ni de la Politique, ni de la Morale, ni des Gens en place, ni des Corps en crédit, ni de l'Opéra, ni des autres ſpectacles, ni de perſonne qui tienne à quelque choſe, je puis tout imprimer, ſous la diſcrétion néanmoins de deux à trois Cenſeurs. . . . Pour profiter de cette douce liberté, j'écris de nouveau, je fais un ou-vrage périodique, & croyant ne marcher ſur les briſées de perſonne, je l'intitule *Journal inutile* . . . Pr . r r . . . je vois s'élever contre moi mille pauvres diables à la feuille, qui ſe plaignent que je les ré-duis à la beſace On examine ma feuille, on la ſup-prime; & me voilà de rechef ſans emploi. . . . Le déſespoir m'alloit ſaiſir : on penſe à moi pour une place; mais malheureuſement j'y étois propre; il falloit un calculateur; ce fut un miſérable danſeur qui l'obtint. . . .

Il ne me reſtoit plus qu'à vôler . . . je me fis banquier de Pharaon : alors bonnes-Gens; je ſoupois en Ville; les perſonnes dites comme il faut me re-cevoient chez elles, en retenant pour elles la moitié du profit. C'eſt alors que je vis que pour gagner du bien, le ſavoir faire vaut mieux que le ſavoir. J'aurois bien pu me remonter; mais comme cha-cun pilloit autour de moi & qu'on exigeoit que je fusse honnête-homme, il fallut bien périr encore.

Pour le coup, j'allois quitter le monde ; vingt brasses d'eau alloient m'en séparer, lorsqu'un Dieu bienfaisant me rappéle à mon premier état : je prends ma trousse & mes rasoirs Anglois, & laissant la honte en chemin comme trop lourde pour un Piéton, & la fumée aux sots qui s'en nourissent, je vais rasant de Ville en Ville, & je retrouve enfin le bonheur. Un Grand-Seigneur passe à Séville, me reconnoît, je le marie, & pour récompense de lui avoir donné une femme, il veut m'intercepter la mienne.... O suite bizarre d'évenemens ! entré dans ma carrierre sans le savoir, j'en sortirai sans le vouloir .... je l'ai jonchée d'autant de fleurs que ma gaîté me l'a pu permettre ; encore je dis ma gaîté sans savoir si elle est à moi plus que tout le reste ... Et qu'est-ce que ce moi dont je m'occupe ? Un composé de petits atómes, de molécules organiques, un petit être foible, que fais-je ? ... gouverné par les circonstances, maître ici, valet là ; Orateur selon le danger, Poëte par occasion, Musicien par délassement, laborieux par nécessité, mais paresseux avec délices ; j'ai tout fait, tout vû, tout parcouru, & l'illusion s'est détruite. A la veille de me marier, tous mes Parens m'arrivent à la fois : grand débat à ce sujet ; on ne veut pas me reconnoître ; c'est lui, c'est moi, non ce n'est pas lui, & qui donc ? Enfin, tout s'éclaircit, & au moment que je vais être désabusé... désabusé... Ah ! Suzon ! Suzon, que tu me cause de châgrins ? ...

(*Il se laisse aller sur le banc où il reste enseveli dans la plus profonde douleur.*)

S C E N E I V.

FIGARO, LA COMTESSE, *fous les ha-*
bits de Suzanne: SUZANNE, *fous les habits*
de la Comteffe. MARCELLINE.

MARCELLINE.

C'Eſt par ici.

FIGARO.

On vient. (*Il remet fon chapeau & fon manteau.*)

MARCELLINE.

Je vais entrer dans ce cabinet, d'où j'entendrai
tout. (*elle entre dans le cabinet à droite où eſt Fanchette*)

SUZANNE, (*à la Comteffe.*)

Marcelline nous a dit que Figaro y étoit...

LA COMTESSE.

Ainſi l'un nous attend, & l'autre va venir.

SUZANNE.

Madame tremble; eſt-ce qu'elle a froid?

LA COMTESSE.

Oui; je vais me retirer.

SUZANNE.

Si Madame n'avoit pas beſoin de moi, je prendrois le frais.

LA COMTESSE.

C'eſt le ſerein que tu prendrois.

FIGARO, *à part.*

Ah! oui, le ſerein, elle y eſt toute faite.

Suzanne ſe retire tout à fait ſur le bord du
Théâtre, à droite de la ſcene: Figaro eſt tout à
fait ſur la gauche, & la comteſſe eſt au milieu.

SCENE V.

Les Acteurs précédens, CHERUBIN.

CHERUBIN, *accourt en chantant.*

J'Avois une Maraine, que mon cœur, mon cœur a de peine... Eh mais, voilà une femme : (*il regarde.*) c'eft Suzanne. (*il s'approche & prend la main de la comteffe.*) Quand je ne t'aurois pas reconnue au plumage blanc de ton châpeau, je ne pouvois te méconnoître à la douceur de cette main.

LA COMTESSE, *imitant la voix de Suzanne.*

Laiffez-moi, laiffez-moi, Figaro va venir.

CHERUBIN.

Ce n'eft pas Figaro que tu attends, friponne ; c'eft Monfeigneur, qui t'a donné rendez-vous ce matin, quand j'étois derriere le fauteuil.

LA COMTESSE.

Allez-vous-en.

CHERUBIN.

Oui, mais avant de m'en aller, je vais te donner vingt baifers pour toi, & cent pour ma belle maraine.

SCENE VI.

Les Acteurs précédens, LE COMTE.

LE COMTE, *il apperçoit le Page avec la comteffe, qu'il prend pour Suzanne.*

C'Eft encore le Page infernal !

Le Page veut embraffer la comteffe de force ; la comteffe s'arrache de fes bras ; dans ce moment le comte arrive au milieu d'eux, chérubin l'embraffe croyant

croyant embrasser Suzanne, en l'embrassant il le reconnoît.

CHERUBIN.

C'est Monseigneur. (*il s'enfuit dans le cabinet où font Fanchette & Marcelline.*)

SCENE VII.

LE COMTE, LA COMTESSE, FIGARO, SUZANNE.

(*Figaro qui a tout entendu s'approche pour voir si susanne se laissera embrasser, & comme le Page s'enfuit, le comte voulant lui donner un soufflet, Figaro le reçoit.*)

LE COMTE.

Puisque vous ne redoublez pas le baiser, recevez celui-là.

FIGARO, *à part.*

Ce n'est pas tout gain d'écouter.

LE COMTE.

Ce petit insolent! après la défense que je lui ai faite tantôt... mais laissons ces bisarreries, elles empoisonneroient les délicieux momens que tu m'accordes.

LA COMTESSE.

Ainsi l'amour...

LE COMTE.

L'amour n'est que le roman du cœur, c'est le plaisir qui en est l'histoire. (*il lui prend la main.*) La Comtesse n'a pas le bras aussi potelé, si doux, d'aussi jolis petits doigts pleins de graces. (*il l'embrasse trois ou quatre fois.*)

FIGARO, *se désespérant.*

Oh! la coquine.

LA COMTESSE, *déguisant sa voix.*

Mais quelle différence trouvez-vous entre moi & la Comtesse?   H

LE COMTE.

Je ne fais.

LA COMTESSE.

Mais dites-donc.

LE COMTE.

Mais moins d'uniformité peut-être dans les traits, plus de piquant dans les maniéres. Que fais-je moi ? Et puis trois ans d'amour rendent le mariage fi refpe.table ! Nos femmes croyent d'avoir tout fait que de nous époufer, après cela elles nous aiment . . quand elles nous aiment toutefois ... elles font fi complaifantes & fi conftament obligeantes, & toujours fans relâche , qu'on eft tout furpris un beau jour de ne trouver que la fatiété, où l'on ne cherchoit que le plaifir.

LA COMTESSE.

Le moyen d'y rêmédier.

LE COMTE.

C'eft à nous à vous 'obtenir , & nous faifons ce que nous pouvons pour cela; mais c'eft à vous à nous retenir , & c'eft ce que vous femblez oublier.

LA COMTESSE.

Ce n'eft pas moi.

SUZANNE, *à part.*

Ni moi.

FIGARO, *a part.*

Ni moi.

LE COMTE.

Il y a de l'écho ici.. , Un Caftillan n'a que fa parole. Voilà d'abord les mille écus pour le rachât du droit que je n'ai plus. (*il lui donne une bourfe.*) Enfuite comme la faveur que tu m'accordes eft fans prix , voici une bague que je te prie d'accepter & de porter pour moi. (*il la lui met au doigt.*)

LA COMTESSE.

Suzanne accepte tout.

FIGARO, *à part.*

On n'eft pas plus coquine que çà.

LE COMTE, *à part*

Elle est intéressée, tant mieux. (*a la comtesse.*)
Entrons-nous ... un instant dans ce cabinet.

LA COMTESSE.

Sans lumiere !

LE COMTE.

Pourquoi faire ? Nous n'avons rien à lire.

(*Il prend la comtesse par la main & la méne au cabinet : Figaro les suit : le Comte l'entendant marcher, crie :*

Qui passe-là ?

FIGARO

On ne passe pas ; on vient exprès.

LE COMTE.

C'est Figaro.

(*Le Comte & la comtesse s'enfuient dans l'obscurité. La comtesse entre dans le cabinet à gauche. Le comte passe plus loin dans le jardin.*)

SCENE VIII.

FIGARO, SUZANNE.

FIGARO, *se croyant seul.*

Elle est entrée ... Eh bien ! vous autres époux, qui payez des espions pour surveiller vos femmes, & qui tournez des mois entiers autour d'un soupçon, imitez-moi : dès le premier jour je veille ma femme, je la suis, en un tour de main on est au fait ; c'est charmant : heureusement que je ne m'en soucie guères & que sa trahison ne me fait rien du tout.

(*Pendant ce-tems, susanne le tord les mains d'impatience de battre Figaro : celui-ci s'approche du cabinet où est la comtesse.*)

SUZANNE, *bas.*

Ah ! que tu vas payer tes soupçons. (*contrefaisant la comtesse.*) qui va-là ?

H ij

FIGARO.

Qui va-là. Quelqu'un qui voudroit que la peſte t'eût étouffée en naiſſant.

SUZANNE.

Mais je crois que c'eſt Figaro.

FIGARO. (*croyant voir la comteſſe.*)

Madame la Comteſſe? Ah ! Madame , où croyez-vous que ſoit Mr. le Comte ?

SUZANNE.

Peu m'importe un ingrat.

FIGARO, *s'emportant.*

Et Suſanne ? cette vertueuſe fille qui faiſoit tant la réſervée.

SUZANNE, (*elle frappe des mains l'une contre l'autre d'impatience.*)

Parles bas.

FIGARO, *la reconnaiſſant.*

(*bas.*) C'eſt Suſanne, Goddem.

SUZANNE.

Ils ſont enſemble.

FIGARO.

Ah ! la traîtreſſe, qui veut me ſurprendre.

SUZANNE.

Il faut nous en venger, Figaro.

FIGARO, *à part,*

Oh! qu'il ſeroit doux, avant la nôce!.. (*haut*) Madame, en ſentez-vous le vif deſir ?

SUZANNE.

Je ne ſerois donc pas de mon ſexe; mais les hommes en ont mille moyens.

FIGARO.

Madame, celui des femmes les vaut tous.

SUZANNE.

Oui , mais qu'eſt-ce qu'une telle vengeance , qu'un peu d'amour n'aſſaiſonne pas?

FIGARO.

Madame , par-tout où vous n'en voyez pas,

croyez que le respect dissimule.

SUZANNE.

Je ne sais si vous le pensez de bonne foi, mais vous ne le dites pas de bonne grâce.

F I G A R O, *se jettant à ses pieds.*

Ah! Madame, je vous adore!

SUZANNE.

Y pensez-vous Figaro?

FIGARO.

Oui, Madame, considérez les tems, les lieux, les circonstances & que votre main...

S U Z A N N E, *soufflettant Figaro.*

Tiens, la voilà ma main, voilà pour tes soupçons, voilà pour tes vengeances, voilà pour ta jalousie: est-ce là de l'amitié?

(*Pendant ce tems, Figaro se frappe lui-même.*)

F I G A R O, *se relevant.*

Sancta barbara! oui, c'en est, frappe, continue, frappe sans relâche; mais quand tu m'auras meurtri tout le corps, regarde d'un œil de compassion, l'homme du monde le plus heureux!

SUZANNE.

Bon, fripon! vous n'en séduisiez pas moins la Comtesse, sous ce trompeur habit, tandis que m'oubliant moi-même, c'étoit pour elle que je travaillois.

FIGARO.

Aurois-je pu me méprendre à ta jolie petite voix?

SUZANNE.

Quoi! tu m'avois reconnu?

FIGARO.

Oui.

SUZANNE.

Ah! comme je me vengerai.

FIGARO.

A bien battre & garder rancune... c'est

trop féminin ; mais dis moi donc, comment tout ceci eſt arrivé ?

SUZANNE.

Eſt-ce ma faute à moi, ſi voulant muzeler un renard, nous en attrapons deux ?

FIGARO.

Qui donc a pris l'autre ?

SUZANNE.

Sa femme.

FIGARO.

Sa femme ? pends-toi Figaro, tu n'as pas deviné celui-là. Sa femme ! ô douze & quinze mille fois ſpirituelle femelle ! Ainſi c'eſt avec ſa femme qu'il eſt dans ce cabinet ?

SUZANNE.

Oui.

FIGARO.

Et les baiſers de tout-à-l'heure, à qui ont-ils été donnés ?

SUZANNE.

A ſa femme.

FIGARO.

Et celui du petit Page ?

SUZANNE, *riant.*

A Monſieur.

FIGARO.

A Monſieur ? Ah ! la bonne tête ! & celui de tantôt, derriere le fauteuil ?

SUZANNE.

A perſonne.

FIGARO.

En êtes-vous bien ſûre ?

SUZANNE, *lui donnant un ſoufflet.*

Tiens, Figaro, il pleut des ſoufflets.

FIGARO.

Les tiens ſont des bijoux ; mais ceux du Comte ſont de bon alloi.

SUZANNE, *se retirant un peu &*
lui faisant signe de se mettre à genoux.
Allons, humilie toi, superbe !

FIGARO, *à genoux.*
Ah ! c'est trop juste ; allons, à genoux, bien
courbé, ventre à terre. (*il se prosterne tout à fait.*)

SUZANNE, *riant.*
Ah ! ah ! ah ! le pauvre garçon !

SCENE IX.

LE COMTE, FIGARO, SUZANNE.

Figaro est à genoux, baisant la main de Suzanne.

LE COMTE, (*bas.*)
cherchant Suzanne vers le cabinet où est la Comtesse.

Suzanne, Suzanne.

FIGARO, *bas à suzanne.*
Voilà Monsieur le Comte, veux-tu continuer
le badinage ?

SUZANNE.
Oui. (*Figaro lui baise la main avec ardeur.*)

LE COMTE, *se retournant & prenant*
Suzanne pour la Comtesse, porte la main à son épée
qu'il n'a pas.
Un homme aux pieds de la Comtesse... Ciel !
je suis sans armes !

FIGARO, *contrefaisant sa voix.*
Madame ! Madame ! voyez mon amour, don-
nez-lui sa récompense, & réparons le tems que
nous avons perdu ce matin, lorsque j'ai sauté par
la fenêtre.

LE COMTE.
C'est l'homme du cabinet ; tout se découvre
enfin. (*il court sur Figaro, le saisit au collet. Su-*
zanne se refugie dans le cabinet à droite.)
Vengeance ! Hola ! quelqu'un.

SCENE X.

LE COMTE, FIGARO, PÉDRILLE.

PEDRILLE.

ME voilà Monseigneur, arrivant de Séville.

LE COMTE.

Es-tu seul, Pédrille?

PEDRILLE.

Oui, Monseigneur.

LE COMTE.

Approche, & crie bien fort.

PEDRILLE, *crie de toute sa force.*

Pas plus de Page que sur ma main, voilà le paquet.

LE COMTE.

Oh! l'animal! holà quelqu'un! Accourez tous, si vous m'entendez.

SCENE XI.

Les Acteurs précédens, BRID-OISON, BASILE, ANTONIO, LE DOC-TEUR, Troupe de Paysans & Paysannes, *portant des torches allumées.*

LE COMTE.

Pédrille, garde bien cette porte, & vous mes Vassaux, entourez-moi cet homme & m'en répondez. (*à Figaro.*) Et vous homme de bien, préparez-vous à répondre à mes questions.

FIGARO.

Pourquoi ferai-je difficulté, Monseigneur, vous commandez à tous ici, hors à vous-même.

LE COMTE.

Si quelque chose pouvoit m'irriter d'avantage, ce seroit le sang froid qu'il affecte.

FIGARO.

Sommes-nous des Soldats qui tuent & se font tuer, pour des intérêts qu'ils ignorent ? je veux savoir pourquoi je me fâche-moi.

LE COMTE.

Nous direz-vous d'abord, quelle est la Dame que vous avez amenée dans ce cabinet ?

FIGARO.

(montrant le cabinet où est la comtesse.)
Dans celui-là ?

LE COMTE, *(montrant l'autre.)*

Dans celui-ci.

FIGARO.

Ah ! c'est bien différent. C'est une jeune personne qui m'honore de ses bontés particuliéres.

LE COMTE.

Vous l'entendez, Messieurs.

BRID-OISON.

Nou-ou l'en-entendons.

LE COMTE

Et cette jeune personne avoit-elle d'autres engagemens que vous sachiez ?

FIGARO.

On dit qu'un grand Seigneur s'en est occupé quelque tems ; mais soit qu'il la néglige, soit qu'elle m'aime mieux qu'un plus aimable, elle m'a donné la préférence.

LE COMTE.

La préférence ! … aumoins il est naïf. Eh bien, Messieurs, ce que vous venez d'entendre, je l'ai oui de la bouche de sa complice.

BRID-OISON.

De sa-a complice ?

LE COMTE.

Mais comme l'outrage eſt public, il faut que la vengeance le ſoit (*Il entre dans le cabinet.*) Sortez, Madame, votre heure eſt arrivée : quel bonheur qu'aucun gage d'une union fidelle & ſtable...

(au lieu d'amener la Comteſſe, il améne le Page, & le reconnoiſſant, il le repouſſe avec ſurpriſe & dépit.)

Encore le maudit Page!... Qu'eſt-ce que vous faiſez là ?

CHERUBIN.

Je me cachois, Monſeigneur, comme vous me l'aviez ordonné.

LE COMTE.

Mais il n'étoit pas ſeul ſans doute.

CHERUBIN.

Il eût été trop dur, Monſeigneur, ſi quelque ame charitable n'étoit venue adoucir mon ennui.

PEDRILLE.

C'étoit bien la peine de me faire créver mon cheval.

LE COMTE.

Entres-y toi, Antonio, & conduis devant ſon Juge, l'infâme qui me deshonore.

ANTONIO.

On diroit qu'il y a une providence! Vous en avez tant fait auſſi, Monſeigneur.

LE COMTE.

Eh ! vas donc, butor !

BRID-OISON.

Mais qui-i e-e-eſt-ce donc, qui-i a pris la-a femme de l'autre.

FIGARO.

Perſonne n'a eu cet avantage.

ANTONIO.

Sortez, Madame, ſortez, il n'eſt pas beſoin de vous faire tant prier, puiſque l'on ſait que vous y êtes. (*il améne Fanchette.*)

LE COMTE.

Ah! c'eft Fanchette!

ANTONIO.

C'étoit bien la peine, Monfeigneur, de me faire entrer, pour faire voir à la compagnie que c'eft ma fille qui caufe tout ce bruit-là.

LE COMTE.

Je faurai bien la trouver. (*il va au cabinet.*)

LE DOCTEUR, *le retenant.*

Monfeigneur, ceci n'eft pas trop clair, je fuis de fans froid, moi, je vais y entrer.

BRID-OISON.

Cette a-affaire-là eft au-auffi tro-op em-em-brouillée.

LE DOCTEUR, *améne Marcelline.*

Quoi! Marcelline!

FIGARO, *riant.*

Tiens, ma mere en eft.

LE COMTE.

Elle y eft, je l'ai vue entrer.

comme il approche du cabinet, Suzanne en fort, fe cachant le vifage de fon éventail.

Ah! la voilà enfin. Que croyez-vous que mérite une indigne époufe!... [*fuzanne & tout le monde fe jettent à genoux pour demander grâce.*] Non, non, non, & fuffiez-vous cent.

LA COMTESSE, *fort de fon cabinet & fe jette aux pieds du Comte.*

Au-moins je ferai nombre.

BRID-OISON, *riant de toute fa force.*

Ah! c'eft Mada-a-a-ame la-a-a Comteffe.

LE COMTE, *après une longue furprife.*

Quoi! c'étoit vous Comteffe! il n'y a qu'un pardon bien généreux...

LA COMTESSE.

Si c'étoit vous, vous diriez non, non, & moi pour la troifieme fois aujourd'hui, je vous pardonne, & fans condition.

LE COMTE.

Je n'oublierai jamais cette générosité.

SUZANNE.

Ni moi.

LA COMTESSE.

Ni moi.

FIGARO.

Ni moi. Il y a de l'écho ici.

LE COMTE.

J'ai voulu rufer avec eux, ils m'ont traité comme un enfant.

FIGARO.

Une petite journée comme celle-ci, forme bien un Ambaffadeur.

LE COMTE.

Ah ! quelle école !

LA COMTESSE.

Il faut que chacun ait ce qui lui appartient : tiens Suzanne, (*elle lui donne la bague.*) & toi Figaro, ceci eft à toi. (*elle lui donne la bourfe.*)

FIGARO.

Et des trois… celle-ci fut la plus dure à arracher.

GRIPPE-SOLEIL.

Et la jarretiere de la mariée, l'aurons-je ?

LA COMTESSE, *jettant fon ruban.*

La voilà.

CHERUIN, *la ramaffe & dit aux Payfans qui venoient la prendre.*

Celui qui voudra me la difputer n'a qu'à s'avancer.

LE COMTE.

Pour un Monfieur fi chatouilleux, qu'avez-vous trouvé de plaifant au foufflet de tantôt ?

CHERUBIN, *mettant la main fur fon épée.*

Moi, Monfeigneur ?

FIGARO.

C'eft fur ma joue qu'il l'a reçu ; voyez comme les Grands font juftice.

LE COMTE.

Et vous, Dom Brid-oison, que pensez-vous
de tout ceci?

BRID-OISON.

De-e tou-out ce que-e je-e vois Monseigneur;

LE COMTE.

Oui.

BRID-OISON.

Ma-a-a foi, je-e ne fais que-e vou-ous dire;
voi-oilà ma-a fa-açon de penser à moi.

FIGARO.

J'étois pauvre, on me méprisoit, me voilà
riche...

LE DOCTEUR.

Les cœurs vont te venir.

FIGARO.

Croyez-vous?

LE DOCTEUR.

Je les connois.

ON CHANTE.

BASILE.

Triple dot, femme superbe,
Que de biens pour un Epoux!
D'un Seigneur, d'un Page imberbe,
Quelque sot seroit jaloux:
Du Latin un vieux proverbe,
L'homme adroit fait son profit;
   (*FIGARO*) Je le sais,
Gaudeant bene nati.
   (*BASILE*) Hé non,
Gaudeant bene nanti.

SUZANNE.

Qu'un Mari sa foi trahisse,
Il s'en vante & chacun rit,

Que fa femme ait un caprice,
S'il l'accufe, on la punit,
De cette abfurde injuftice
Faut-il dire le pourquoi?
Les plus forts ont fait la Loi·

FIGARO.

Jean Janot jâloux rifible
Veut unir femme & repos ;
Il achette un chien terrible,
Et le lache en fon enclos.
La nuit quel vaçarme horrible?
Le Chien court, tout eft mordu,
Hors la main qui l'a vendu.

LA COMTESSE.

Telle eft fiére & répond d'elle,
Qui n'aime plus fon mari ;
Telle autre prefque infidelle,
Jure de n'aimer que lui :
La moins folle, hélas! eft celle
Qui fe veille en fon lien,
Sans jamais jurer de rien.

LE COMTE.

D'une femme de Province
A qui fes devoirs font chers,
Le fuccès eft affez mince :
Vive la femme aux grands airs ;
Semblable à l'écu du Prince,
Sous le coin de fon époux,
Elle fert au bien de tous.

CHERUBIN.

Sexe aimé, fexe volage,
Qui tourmentez nos beaux jours,
Si de vous chacun dit rage,

Chacun vous revient toujours,
Le Parterre eſt votre image:
Tel paroît le dédaigner,
Qui fait tout pour le gagner.

SUZANNE.

Chacun fait la tendre Mere
Dont il a reçu le jour;
Tout le reſte eſt un myſtere,
C'eſt le ſecret de l'amour.

FIGARO.

Ce ſecret met en lumiere
Comment le fils d'un butor
Vaut ſouvent ſon péſant d'or.

FANCHETTE.

Robin me dit en cachette :
Si l'amour t'étoit connu,
Que ton ſein, jeune Fanchette,
De plaiſir ſeroit émû !
Dans tous nos yeux il te guette;
Je l'ai donc vû, cher Robin,
Dans les yeux de Chérubin.

ANTONIO.

Quand le mal n'eſt pas extrême,
Fermons l'œil de la rigueur
Sur les torts de qui nous aime,
Et diſons dans nôtre cœur,
Si chacun rentre en ſoi-même,
Nul Mortel de bonne-foy,
N'eſt honnête-homme chez ſoi.

LE DOCTEUR.

Par le ſort de la naiſſance,
L'un eſt Roi, l'autre Berger;
Le hazard fit la diſtance :

L'esprit seul peut tout changer.
De vingt Rois que l'on encense,
Le trépas brise l'autel ;
Le Génie est immortel.

SUZANNE.

Si ce gai, ce fol ouvrage,
Renfermoit quelque leçon ;
En faveur du badinage,
Faites grâce à la raison.
Ainsi la Nature sage
Nous conduit par nos desirs,
A son but dans les plaisirs.

BRID-OISON.

Or, Messieurs, la Comédie
Que l'on juge en cet instant,
Sauf erreur, nous peint la vie
Du bon Peuple qui l'entend.
On l'opprime ; il peste, il crie,
Il s'agite en cent façons :
Tout finit par des chansons.

Après une cinquantaine de représentations de cette Comédie, l'Auteur ayant appliqué le profit qui lui en revenoit, à un etablissement en faveur des Meres nourices, on a ajoûté les couplets suivans.

LE COMTE.

Pour les jeux de notre Scéne,
Ce beau jour n'est pas fêté,
Le motif qui vous raméne,
C'est la douce humanité :
Mais quand notre cinquantaine
Aux bienfaits sert de moyen,
Le plaisir n'y gâte rien.   (*bis.*)

FIGARO.

Nous heureux Cinquanténaires
D'un hymen si fortuné,
Rapprochons du sein des Meres
L'enfant presque abandonné;
Faut-il un exemple aux Peres?
Tout autant qu'il en naîtra,
Ma Suzon les nourrira.

SUZANNE.

Mon Ami, je ne sais guères
Quel devoir sera plus doux;
Comme Epouse & comme Mere,
Mon cœur les remplira tous:
Entre l'Enfant & le Pere
Je partagerai l'amour;
Et chacun aura son tour.

BRID-OISON

Que d'plaisir on trouve à rire,
Quand on ne voit du mal à rien?
Que d'bonheur on trouve à s'dire
L'on m'amuse, & j'fais du bien.
Que d'belles choses on peut écrire
Contre tant d'joyeux ébats?
Nos criti... ques n'y manqueront pas.

F I N.

FAUTES

échappées à l'impreſſion.

Page 5, *ligne* 11 il aſpire, que *liſez*, il eſpere que

Page 19, *lig.* 23, *liſez* : Que vous demande-t-on que vous n'alliez prodiguer à un autre ? Graces ...

Page 21, *lig.* 27, d'une bonne, *liſez* d'un bon

Ibid. ligne 32, coquine, *liſez* couſine.

Page 40, *ligne* 13, LE DOCTEUR, *liſez :* CHERUBIN.

Page 72, *ligne* 16, vente, *liſez* vante.

Page 82, *ligne* 21, la, *liſez* le